鄭樑生著

中日關係史研究論集（五）

文史哲學集成

文史哲出版社印行

著者簡介

鄭樑生，桃園縣揚梅鎮人。先後畢業於省立臺北師學校、國立臺灣師範大學、日本國立東北大學，獲日本國立筑波大學文學博士學位。主修明史、日本史、中日韓關係史。曾任中小學教員、主任、圖書館編輯、研究所兼任教授。現任淡江大學歷史系教授。著有《明史日本傳正補》(一九八一，臺北，文史哲出版社)《元明時代東傳日本的文獻》(一九八四，同上)《明代中日關係研究》(一九八五，同上。日文版由東京，雄石閣於同年刊行)《元明時代東傳日本的水墨畫》(一九八七，同上)《日本通史》(一九九三，臺北，明文書局)等三十餘冊，及學術論文百餘篇。

文史哲學集成 ㉝㉟

中日關係史研究論集(五)

著者：鄭　樑　生
出版者：文　史　哲　出　版　社
登記證字號：行政院新聞局局版臺業字五三三七號
發行人：彭　　正　　雄
發行所：文　史　哲　出　版　社
印刷者：文　史　哲　出　版　社
台北市羅斯福路一段七十二巷四號
郵撥〇五一二八八一二彭正雄帳戶
電話：三　五　一　一　〇　二　八
實價新台幣二八〇元
中華民國八十四年四月初版

ISBN 957-547-928-9

中日關係史研究論集(五) 目次

序

南倭、北虜，是明代兩大外患。所謂南倭，就是寇掠中國東南沿海地方之倭寇。惟此倭寇並非典型之外患，因爲所謂的倭寇除日本人外，尚有高麗（朝鮮）人、中國人，及佛郎機——葡萄牙等人參與。

明代倭寇大致可析爲前後兩期，前期倭寇始於十四世紀中葉，亦即從它之發生於高麗起，至嘉靖三十一年止，後期倭寇則爲十六世紀後半，亦即在嘉靖三十二年以後肆虐，使沿海州郡動盪不安達十餘年之久者，而此一區分方式已成定論。至於豐臣秀吉之於萬曆二十年（一五九二）發動大軍，攻擊朝鮮，欲「假道入明」的舉動，則應可目爲第三期倭寇。

中國方面的倭寇，初時只寇掠沿海地方，被認爲是發生於朝鮮半島之延長線上。此一時期的倭寇之特色在其主要分子爲日本西陲的武士與海盜集團，而其劫掠目標則爲糧食、水手，及其他男女。他們大都出身日本，其震憾中國的時期與日本南北朝（一三三六~一三九二）之板蕩時期對應著。迄至嘉靖初年，因日本貢使引發之寧波事件，及佛郎機人之騷擾東南沿海郡縣，干犯海禁，更在浙江雙嶼，福建月港等地與中國通番者，及日本私販（走私者）互市，給明朝政府帶來許多困擾與棘手問題。因此，海禁趨嚴。在此一時期，除倭賊——眞倭外，尙有中國衣冠之盜、貴宦之家參與其間。更有小民好亂者相率入海從倭。兇徒、逸囚、罷吏、黠僧，及衣冠失職書生、不得志群、不逞者皆爲倭奸細，爲之鄉導。於是王直、徐惟學、徐海、毛海峰之徒，皆我華人，金冠龍袍，稱王海島，攻城掠邑，莫敢誰何，浙東治安因而大壞。故後期倭寇未嘗不可謂爲以中國人之海寇爲主，亦即如《明史》《明本傳》所謂：「大抵眞倭十之三，從倭者十之七」；及《明世宗實錄》所謂：「夫海賊稱亂，起於負海姦民通番互市。夷人十一，流人十二，寧、紹十五，漳、泉、福十九，雖概稱倭夷，其實多編戶之民也」。萬曆年間的倭寇則無論其主謀者或組成分子都是日本人，亦即其主謀爲日本統治階級之頭目豐臣秀吉，組成分子則俱爲其家臣，劫掠目標則是國土而非昔日之侷限於錢財與男婦，實已逸出一般寇盜之範疇。

嚴行海禁以後，姦民之私販活動轉趨猖獗，東南沿海所在通番，而以閩、浙爲尤甚。此一時期的私販活動與往日有異。前此從事私販者多爲沿海客商，及爲生活所迫之貧民；在嘉靖年間冒犯禁令下海者則既有閩、浙大姓和貴官家參與其間，復有私梟、舶主與上層勢力掛鈎，交通官府，挾制有司，包庇窩藏，公然出海。有力者自出貲本，無力者輾轉貿易；有謀者誆領官銀，無謀者質當人口；有勢力者揚旗出入，無勢力者投托假藉，雙桅、三桅，連檣往來；愚下之民，一葉之艇，送一瓜，運一罇，率得厚利。馴至三尺童子，亦知彼等爲衣食父母。

由於私販猖獗，專以劫掠商船者亦因之而起，他們除搶劫商船外，也寇掠沿海州郡。海防官員以私販通番，招致海盜，乃緝捕接濟之人。惟因當時下海通番者，勢豪之家多染指其間，每每挾制官府，說情拯救。復因商家與貴官家往往積欠外夷貨款而不肯償還，所以外夷雖在近島坐索其積欠者，久之亦不可得。因此他們在乏食之際，乃出沒海上為盜，動輒搆難而有所殺傷。貴官家患之，欲其早日離去，乃出言搖憾當事者，言：「番人泊近島，殺掠人而不出一兵驅之，備倭怎可如此」？惟當事者一旦決定出師征勦，則又事先洩漏消息，使之逃去。他日貨至，復以同一手法誆騙倭人。因此，倭人遂大恨，以為自己挾國王資金來互市，卻得不到貨款，何以歸報？故非獲貨款回去不可，於是盤踞島中，日久而不肯離去。那些倭商非僅因得不到貨款不肯回去，且因與中國姦民交通而得彼輩之嚮導，從而時時寇掠沿海郡縣，給沿海居民帶來極大災害。在此情形之下，巡按浙江監察御史楊九澤，乃於嘉靖二十六年六月疏聞於朝，言海濱貴勢家積年通倭，搆事惹禍，守臣不能制，請置大臣兼巡浙、福海道，開軍門治兵、捕盜，聽以軍法便宜從事。因此，遂命右副都御史朱紈巡撫浙江，兼轄福、興、漳、泉，提督軍務，嚴行禁治，終於獲得平靜。而明廷之究竟如何調軍遣將征勦猖獗的倭寇，即是本書考察之重點。

本書所收錄探討有關明廷派遣督撫從事征勦倭寇經緯的論文凡四篇，亦即從楊九澤建議派遣巡撫負責勦倭工作，而任命政府大員擔負此一大責重任開始，至渠魁陳東、麻葉、徐海、王直等被消滅為止的十餘年間，亦即從嘉靖二十六年至三十八年，朱紈、王忬、張經、胡宗憲等督撫從事征勦倭寇的經緯作一系列的考察。由此不僅可以瞭解當時倭寇肆虐的梗概，與海防官員更迭的實情，也可從而得知寇踪分合的始末。卷末對明廷因聽從右僉都御史塗澤民議開海禁的意見，於隆慶元年開放部分海禁，允許國人往販東西兩洋以後，軍民對此一政策之改變的反映作一番探討。經此探討，我們得知明代嘉靖間倭寇之所以猖獗，實與海禁政策有密切的關聯。

撰寫本論文集時，因欠缺部分大陸方面的資料，致無法作更深入的分析與考察，是件憾事。尚祈諸位先進不吝給予批評、指正，是所深盼。

鄭樑生識於淡江大學歷史學系

一九九五年乙亥初春

明嘉靖間浙江巡撫朱紈執行海禁始末

——一五四七～一五四九——

一、前　言

明太祖朱元璋爲防國人之下海通番及倭寇之侵掠而頒布的下海通番之禁，在初時雖尚能阻遏國人出洋從事興販活動，然當番商以禁愈嚴而利愈厚，而干犯海禁走私偷入，從事秘密交易時，國人遂有接引外國私販（走私）者。結果，禁令雖嚴，卻始終無法禁絕其違法活動。當時除那些民間私販者外，非僅有海防官員暗自遣人出海行賈，①或沿海軍民私自下番交通外國，②就連若干奉命出使外國之官員，也乘機挾帶商人出海貿易。③惟在武宗正德（一五〇六～一五二一）以前，國人之干犯禁令從事私販者尚不多見，其規模亦不大，海禁亦較鬆弛。故他們之登岸劫掠人、財，焚燬民居者亦鮮有所聞。

迄至世宗嘉靖二年（一五二三），日本大內氏所遣使節宗設謙道一行賫方物來貢，已而細川氏所遣鸞岡瑞佐、宋素卿④等後至，俱泊浙江寧波，互爭眞僞。市舶太監賴恩，因受宋素卿賄賂，對兩造貢使之待遇有偏頗，致激宗設一行之怒。結果，鸞岡爲宗設等所殺，素卿逃竄慈谿。因此，宗設一行縱火大掠，殺指揮劉錦，擄寧波衛指揮袁璡，更蹂躪寧波、紹興間，奪船而逃出海，引起所謂寧波事件。⑤此後，明廷與日本之間的關係惡化。惟當時明廷亦並未採取閉關絕貢措施，僅令備倭衙門等嚴飭海防，使日方嚴守貢期、船數、人員等限制，並嚴禁其使臣一行與奸謀之徒私通⑥而已。在另一方面，對前此來華要求通商之佛郎機（葡萄牙）人，因他們不僅騷擾東南沿海，且與倭人在浙江雙嶼會市，而日本貢使在華期間亦有種種不法行爲。故明廷曾分別於嘉靖三年四月，四年八月，八年十二月申飭海禁，所以在此一時期的海禁較前嚴厲。

由於從事私販可獲鉅利，所以嘉靖以後的海禁雖趨嚴厲，下海通番者卻反而增多。⑦不僅小民無法謀無生者，好亂者相率入海從倭，⑧且有奸民爲倭奸細，爲之嚮導。⑨於是內地奸人交通接濟，習以爲常，因而四散流劫，年甚一年，日甚一日，沿海荼毒，不可勝言。⑩只因沿海居民勾結外夷以謀利，勢家又染指其間，守臣無法禁遏，故巡按浙江監察御史楊九澤乃聞於朝，以海濱貴勢家積年通倭，搆事召禍，而守臣不能制止，請設巡視大臣，俾負執行海禁之責。⑪經諸司覆議的結果，由巡撫南贛副都御史朱紈（一四九二～一五四九）巡撫浙江，兼制廣東潮州，專駐漳州，以防禦廣東，控制浙江，並轄福、興、泉、漳、建寧五府軍事，庶威令易行，事權統一。⑫

本文擬就朱紈擔任浙江巡撫期間執行海禁之情形作一番考察，惟因《明實錄》、《明史》等官方文獻對此一史實之記載皆語焉不詳，臺灣公藏之方志及其他文獻亦無較詳細的相關記載。故擬以朱紈所著《甓餘雜集》爲主要依據，作較深入之探討。

二、私販之猖獗

在考察朱紈執行海禁始末之前，須略述當時私販猖獗之情況，方能瞭解明廷在此一時期設浙江巡撫的原因，及朱紈執行海禁之際，所以會遭遇強大阻力之緣由。

如前文所說，自從日本貢使引起寧波事件，及佛郎機人之騷擾東南沿海以後，海禁趨於嚴厲。迄至嘉靖二十年前後，中國人之下海通番者漸多而日益嚴重。前此嘉靖十三年，吏科給事中陳侃出使琉球，例由福建出發，其從役者俱爲閩人。既至琉球，必候汛風乃旋。當時有日本僧侶師學琉球，那些從役人員聞此僧言日本可以互市，故彼輩即將貨物運彼處販賣，得獲大利而歸，致閩人往往干犯海禁至日本貿易。後來有走私到平戶島者繕舟匱乏資本，島夷即貸款與他，於是私商衆多而禍亂始漸。⑬廣東之走私商人則始自揭陽縣民郭朝卿，初時因航海而漂至日本，回國後亦復前往貿易。至於浙海走私商人則始自福建鄧獠。獠，初以罪被繫按察司獄。嘉靖五年（一五二六）越獄，逋下海，即誘引番夷私市於浙海雙嶼港，投託合澳之人盧黃四等私通罔利。繼則許松、許楠、許棟、許梓四兄弟潛從大宜、滿剌加等國誘引佛郎機國夷人絡繹於浙海，亦在雙嶼、大茅等港交易，以謀大利，東南釁門遂因此而開。⑭二十一年，寧波知府曹誥以通番船招致海寇，故每廣捕接濟通番之人，但鄞縣士大夫竟爲之拯救。誥乃歎謂：

今日也說通番，明日也說通番，通得血流滿地方止。⑮

明年，鄧獠等寇掠閩海地方，浙海寇盜亦發，蓋以許松、許楠兄弟等為首。惟當時海道副使張一厚統兵討捕敗績，許松、許楠等遂以番船竟泊雙嶼。二十四年，許松夥伴王直等前往日本貿易，始誘博多津倭助才門三人來雙嶼港交易。明年，復風布其地，直浙倭患始生，⑯而海上寇盜遂紛然矣！二十五年，許楠、許梓因欠倭人貨款無法償還，竟諳中唆使其搶奪，表面上則安慰被害之人，應允償還其貨價。故被害者不知許楠、許梓之陰謀，但怨番人搶奪自己貨財。以自己資本來交易者則捨而去之，以借貸方式來者則自忖無法償債而不敢回去，乃隨許梓前往日本，價以歸舟。至京泊津，其遭騙之人，乃以番人騙財之始末告於島主，島主即殺番人，而以薪粒等物給許梓，使之送華人回國。⑰許梓自思初欠番夷貨物，又失番夷商賈，所以竟不敢回至雙嶼，卻與沈門林剪、許獠等合蹤，劫掠海隅民居。許楠則因所欠番人貨財不能抵償，遂與朱獠、李光頭等誘引番人寇掠閩、浙地方。⑱

初時，常闌出中國財貨與番客市易之事，皆主於餘姚謝遷（弘治、正德間大學士）。謝氏頗抑其值。諸奸索之急，謝氏自忖負債多不能償還，則以言恐嚇謂：「吾將向衙門舉發你們」。諸奸聞之，既恨且懼，乃夜劫謝氏，焚其宅，殺男女數人，大掠而去。⑲備倭把總指揮白濬，千戶周聚，巡檢楊英，乃出哨於昌國海上，卻為許楠、許獠等擄去。指揮吳璋乃以總旗王雷齎千二百金將其贖回，奸徒於是得志。故每擄掠海隅富民以索重贖，結果，地方遂多事。⑳

當時海寇，動計數萬，皆託言倭奴，其實出於日本者不過數千，其餘則皆中國之赤子無賴者入而附之。大略爲夷人十一，流人十二，寧、紹十五，漳、泉、福人十九，雖概稱倭夷，其實多爲編戶之齊民。㉑職是之故，倭雖有時可使之無遺種，但如雜以土人，則官軍之攻殺者有限，而民之附益者無窮，所以難有寧日。㉒更有進者，中國奸民之引倭、誘倭、勾倭、從倭者歷來不絕，如：台州黃巖縣民張阿馬之常潛入倭國，引導其群黨至海邊剽掠；㉓當夷船駛近泉州之際，土著之民之公然放船出海，名爲接濟，內外合爲一家㉔者是。

通番既有勢豪家之包庇掩護，復可牟獲重利，故小民之無法謀生者、好亂者相率入海從倭，㉕兇徒、逸囚、罷吏、黠僧、衣冠失職書生、不得志群、不逞者皆爲倭奸細，爲之嚮導。於是王直、徐碧溪、毛海峰之徒、金冠龍袍、稱王於海島，攻城掠邑，莫敢誰何。㉖在此情形之下，以海爲家之徒安居城廓，既無剝床之災，棹出海洋，且有同舟之濟。結果，遂導致三尺童子亦視海賊如衣食父母，視海防官兵如世代寇讎。㉗於是內地姦人之交通接濟寇盜，便習以爲常，因而四散流劫，日趨嚴重，致東南沿海各府州縣備遭寇掠之害。

只因東南沿海居民勾結外夷以謀利，勢豪之家復染指其間而常肇禍害，而守臣又無法遏阻，故巡按浙江監察御史楊九澤方纔請設巡視大臣，使之嚴格執行海禁。結果，便下令由巡撫南贛副都御史朱紈擔負此一大責重任。

三、乞假事權

朱紈，字子純，江蘇長洲人。正德十六年（一五二一）進士。任命爲（河北）景州知州，然後遷調（四川）開州。嘉靖初，遷南京刑部員外郎。歷四川兵備副使，與副總兵何卿共平深溝諸砦番。遷至廣東左布政使。二十五年（一五四六），擢爲右副都御史，巡撫南贛。㉘二十六年六月，以平深溝諸寇，及掃除東粵賊獲賞識，改提浙閩海防軍務，巡撫浙江。㉙

紈蒞任之初，浙、閩海防久已隳壞，戰船、哨船，十存一二，漳、泉巡檢司弓兵，舊額二千五百餘，僅存千人。總督備倭官，問軍數不知，問船數不知。及令開報，則五水寨把總官五員，尚差職名二員，其餘則只謄舊冊而已。㉚又如漳州衛與漳州府同城，官軍月糧少派三個月；至於銅山等所缺支二十個月；泉州高浦等所缺支一十個月；其餘多寡不等，無一衛一所開稱不缺者。㉛紈目睹海防已隳，而奸民、外夷之跋扈情形又如上述之肆志而目中不知有官府。漳、泉地方原本爲盜賊之淵藪，而鄉官、渡船又成爲盜賊之羽翼，乃反覆思維，以爲必需禁絕鄉官之渡船，及嚴保甲之令，方能肅清海道。㉜此事容於後文討論。

紈爲防其工作受到巡按御史從中掣肘，乃於二十六年十二月二十六日上疏云：

> 伏睹敕命，遇有用兵，各該三司掌印守巡兵備等官，才堪委用者，聽爾隨宜調委；文職五品以下，武職四品以下，如不用命，應拿問者徑自拿問，應參究者參究；事關軍機重大者，許以軍法從事，欽此欽遵。蓋提督軍務，與巡撫不同，軍事貴密，大事宜斷。道旁作舍，徒成掣肘。且一時利鈍，古人不能逆睹，他日利害，御史亦不能共分。㉝

由此觀之，紈赴任之際，世宗已賦予軍事、人事之大權，但他卻懼怕御史干預自己工作。他以爲御史如果干預自己工作，勢必成事不足，敗事有餘，因此，應予排除。又云：

今既付臣以軍務，許臣以關軍機重大者以軍法從事，則甲兵、錢穀、操練、調度、墩臺堡塞，廢置增損，衙門官員更移去取，貨物貿遷，有無化居，皆軍務也；警報之遲速，防守之勤惰，刻期之先後，臨陣之勇怯，禁示之從違，皆軍機也；梟首以至決杖，皆軍法也；乞照兩廣並南贛等處軍門事體，不必御史干預。㉞

而要求世宗給予甲兵、錢穀、操練、調度、人事及各種防禦設施之增損權，且不受御史之干預。亦即他欲以極大權限來發號施令，以收海禁之宏效。更云：

大抵治海中之寇不難，而難於治窩引接濟之寇；治窩引接濟之寇不難，而難於治豪俠把持之寇。聞此地事未舉而謗先行，效未見而肘先掣。蓋山海淵數（藪），視爲表裏；衣冠劍戟，相爲主賓。利于此，必不利于彼；善于始，必不善于終；此海道歷年養亂所以至于此極也。㉟

此言東南沿海之寇亂不僅有窩引接濟之寇，而且在窩引接濟之寇的背後更有豪俠把持之寇。亦即此一寇亂有勢豪之家參與其間，以致難於敉平。

至於守備人員，雖未盡賢，亦未盡皆不肖，但奉公法，必見怒于私黨；犯私怒，必難逃于公案。故總督備倭官黎秀等，有誣詞謗書之慮；把總指揮王麟等，有言出禍隨之恐。且各寨查盤點閘，本以防姦，然委官始則吹毛求罪以獻功能，終至假虎作威，以行胸臆。此風已久，日益甚焉！把總等官，一聞委官到寨，神氣皆喪，披甲跪拜不暇。委官不過推官、知縣，安然受之不疑；少有失禮，則鍛煉羅織之獄已呈，充軍降級之禍立至。把總如此，尚望其任事任怨，折衝禦侮耶？隨俗則有利而無害，犯法亦害遠而利近。蓋所謂衣冠劍戟，上下可投。故山海淵藪，盤結不解。此各寨歷年養亂所以至于此極也。今沿海地方責成於臣，今日不言，將來亦疑懼顧忌之不暇矣！亦乞照前事體，不必御史干預。㊱

亦即朱紈擬排除外來的一切干預，使自己能夠一心一意的去整治不肖官吏，從而掃蕩山海淵藪，以杜絕亂源。而上舉各項請求，俱得世宗裁可。

朱紈於上前舉奏疏之前三個月，自贛移撫浙江，兼治閩海。於是閩、浙海防憲臣之因有過失而被撤職者接連不斷，各地撫臣之因罪被捕者十有三人。㊲紈於同年十月入漳州甫三日，聞泉州同安之賊亂起，乃會兵討平。惟因此感到不方便者便肆意抵毀他，致他被論罪而得以功贖。㊳由於紈歷閱海防，陳亂由，明綱紀，嚴忠邪、順逆之辨，故一時大讙巧者竟揑造種種事由以擾亂視聽。結果，所在不合，轉成多事。㊴

四、處置日本貢使

朱紈入漳州以後不久的十一月二十日，日本貢使策彥周良㊵以四船六百人先期而至，欲停泊等待明春貢期而爲守臣所阻，但周良卻以無順風無法回國爲藉口，不欲東返。㊶

前此日本曾於嘉靖十八年遣湖心碩鼎一行來華，禮部照例題准赴京進貢。二十三年，釋壽光；二十五年，清涼一行前後稱貢。㊷當時明廷對壽光、清涼二人查驗結果，因無正使表文，又未及貢期，乃照例阻回。而周良之來，亦有違日本國十年一貢，船不過三隻，人不過三百㊸之規定。故世宗除降敕欲將其阻回外，並命紈早日處置此一問題，㊹並將於前此引起寧波事件之元兇宗設謙道、宋素卿一併加以查奏。㊺紈接到此一命令時正在福建閱視海防，乃一面行文給都司、布政司、按察司等衙門，命其嚴加防範，會同查議，一面由福建沿海入溫州、台州，前往寧波府。經巡海備倭副使沈瀚等人之報告，得悉周良一行久泊定海外洋之嶴山，卑詞哀請准予等候貢期。復經把總定海等處備倭指揮僉事潘鼎，與寧波衛府掌印指揮、知府等官臧應驤、魏良貴等引送正使周良，副使壽文，居坐等越，土官正賴，通事吳榮，從人熊一等六十二名。因此在公衆面前親自譯審，得知周良頗通文墨。惟恐通事增減文墨，紈乃逐一寫牌，諭以明朝旨意嚴切。㊻然周良又言其從伴水夫原共六百三十七名，自去年外洋等候至今，染病死者二十一人，現存六百十六名。三船之外附軍船一隻，要在防賊舟而完貢船而已。嘉靖二十一年以來，邊寇指商舶爲名，不時至日本國，或與竄島兇賊交通，或侵劫邊民，剽奪家財，不可勝數。國王深謀遠慮，特遣軍船一隻保護，若先使之回國，則其餘貢船必遭賊徒劫掠。伏乞憐愍遠來使節，給與方便，講定下次來貢時決不援以爲例。㊼

世宗降敕阻回周良一行之際，浙江官司雖採促其回國之相關措施，㊽但紈經此譯審以後，卻採使其便宜等候之辦法㊾而上疏云：

臣照見行別卷爲瞭報海洋船隻事爲海寇久肆猖獗等事，見調福建清兵船行委福建署都指揮僉事盧鏜統領前來松門、海門等處，與浙江沿海官兵會合防剿雙嶼等處出沒海賊，似此求貢，夷船既以防賊爲慮，不可再令外泊，萬一疎虞，有負聖朝柔遠之義。況守候經年，物故居多，彼亦自知悔悟，因而與之，是即處分之道。臣又體得地方積弊，常年入貢夷人隨帶貨物，有等姦人指以交易爲由，誆騙推延，往往貢畢京回，守候物價，累年不得歸國。官司苟且避事，佯爲不知其實，不能禁遏。姦人因此肆志，夷人無處伸（申）鳴。內傷國體，外啓侮心，非一朝一夕之故矣！㊿

朱紈之意，是希望明廷體恤周良一行等候貢期之苦，勿再令其外泊，以表柔遠之意，故乃題請禮部准其朝貢。禮部言：

倭夷入貢，舊例以十年爲期，來者無得踰百人，舟無得〔踰〕三艘。乃良等先期求貢，舟、人皆數倍于前，蟠結海濱，情實叵測。但其表詞恭順，且去貢期不遠，若概加拒絕，則航海重譯之勞可憫；若猥務含容，則宗設、宋素卿之事可鑒。宜令紈循十八年例，起送五十人赴京，餘者留嘉賓館，量加賞犒，省令回國。至於互市、防守事宜，俱聽斟酌處置。務期上遵國法，下得夷情，以永弭邊釁。㊿①

因明廷懲於嘉靖二年發生的寧波事件，對日本貢使之來華限制較往日嚴厲，且與之約定以後入貢，船無過三艘，夷使無過百人，送五十人赴京師。但周良貢不及期，以四艘六百人而來，故禮部曾議非正額者皆罷遣之，但朱紈卻力陳其不便而爲其辯護云：

> 臣竊億（臆）明旨詰問之故，蓋以貢期未及，人、船越數，輕以許之，恐失大信於天下，且虞宗設，宋素卿之欺耳。今貢期已及矣！宋素卿已監故矣！宗設雖未正法，在嘉靖十八年已蒙聖恩准貢矣！人、船今雖越數，彼以防賊爲辭，後不援例爲對納之，誠足以廣恩矣！……如蒙皇上軫念遠夷求貢之意，經年守候之誠，乞敕禮部再加查議，許照嘉靖十八年事例，遴選五十人入貢，其餘人數姑容嘉賓館同住。船隻、閣岸貨物報官，給領巡海道信票，許其明白互市，以慰遠夷之望，以絕姦人私通誆騙之弊，無票者以通番論罪。仍將周良等所稱副軍防賊，後不援例之詞申諭該國，以示大信不可輕失之義。[52]

當時的禮部尚書徐階對此一問題也持與朱紈相同之看法，言日方人員之超額乃有其實際需要。故云：

> 今據周良等告禁，似謂（每船）百人之例，在彼國勢難遵行，若不量爲之處，竊恐無以廣聖朝柔遠之意，亦使其下次仍得藉口踰數而來也。臣等以爲除十年一貢，船三隻，起送五十人到京事例無容別議，其百人之數，合無行令浙江巡按御史備查舊制，並將本夷貢船逐一查驗，每船委須若干人駕駛，比今該量增若干人，斟酌停當，開具奏聞，以憑本部覆議奏請咨行本國知會，俾永爲遵守。如此而在彼猶或不遵，然後決行阻回。雖一人之少，亦不姑容，則我之待彼曲盡，而責彼有詞。縱至絕貢，彼亦當心服矣！[53]

朱、徐兩人的意見爲世宗所同意，而其詔書於二十七年七月下達浙江，同月二十二日通知周良。[54]由此可知，周良一行之所以未被阻回而能夠在嶴山等候貢期；人、船踰額而終獲明廷之諒解，朱紈實曾給予很大的協助。

前此五月，當朱紈安排周良一行住進寧波嘉賓館時，寧波職官曾飛書報告朱紈，言有人唆使在嘉賓館之日本貢使作亂，以先殺巡撫爲詞，致衆人大爲動搖。㊺此蓋反對朱紈嚴行海禁，及兵襲九山雙嶼賊巢者之所爲，幸虧朱紈處置得宜，未生他變。九月二十八日，海防官員於東庫㊻查驗貢物，並交與四艘貢船之勘合。十月六日，周良一行自寧波乘船循運河前往北京。十日後抵抗州。正使以下各幹部各乘轎去拜謁朱紈。因紈身體不適，故只將進京五十人之名單呈上，然後往謁布政使。由布政使出牌查明此次進貢始末。謁按察司官員時，該司即下令關照北上船隻之事。

一行之進京，前後共歷六個多月，於二十八年四月方纔到達京城。六月十一日，世宗以白金、錦幣回賜日本國王與王妃。㊼至貢使一行在北京期間之活動情形，則詳於周良之來華日記《再渡集》。又，周良此次來貢雖尙涉及歸還弘治，正德舊勘合，頒發嘉靖新勘合等問題，惟此事與朱紈無關，姑且不談。㊽

五、革渡船嚴保甲

如前文所說，自寧波事件發生以後，海禁復趨嚴厲，而私販亦日漸猖獗。凡番貨至，輒賒與奸人。日子一久，奸商欺冒，不肯償還貨款。番人停泊近島，遣人坐索，但無法達到目的。因此番人乏之食，乃出沒海上爲盜。久之，百餘艘盤據海洋，每日寇掠於海隅，不肯離去。於是小民好亂者相率入海從倭，兇徒、逸囚、罷吏、黠僧，衣冠失職書生，不得志群，不逞者皆爲倭奸細，爲之鄉導。[59]從嘉靖二十一、二年起，則浙、閩海商至南海勾引佛郎機人在雙嶼會市，其至日本者則誘引博多商人來此交易，遂有二十六、七、八年由朱紈所執行掃蕩倭寇淵藪之舉。

嘉靖二十年代，通番接濟之姦豪，溫州尚少，漳、泉爲多。每當番船、賊船之來，土著之民公然放船出海，名爲接濟，內外合爲一家，交通媒利。[60]而地方奸民復肆志狼藉，目中無官府存在。結果，漳、泉地方遂成盜賊淵藪，而鄉官渡船又成盜賊羽翼。朱紈云：

> 今（嘉靖二十六）年正月內，賊虜浯洲良家之女，聲言成親，就於十里外高搭戲臺，公然宴樂。又，八月內，佛郎機夷連艘深入發貨，將近就將船二隻起水於斷嶼洲公然修理，此賊此夷，目中豈復知有官府耶？夷賊不足怪也。又如同安縣養親進士許福先，被海賊虜去一妹，因與聯姻往來，家遂大富。又如考察閒住僉事林希元，負才放誕，見事風生。……或擅受民詞，私行栲訊；或擅出告示，侵奪有司；專造違式大船，假以渡船爲名，專運賊贓並違禁貨物。今據查報，先在者月港八都地方二隻，九都一隻，高浦吳灌村一隻，劉五店一隻，地方畏勢不報者又不知幾何也。[61]

由於此類奸民罷官閒住而不惜名檢，招亡納叛，廣布爪牙，武斷鄉曲，把持官府；下海通番之人借其貲本，藉其人、船，動稱某府，出入無忌；船貨回還，先除元借，本利相對，其餘贓物平分者不

知凡幾，而以林希元爲甚。㊸

當時復因福建漳、泉等府豪民通番入海，劫掠沿海軍民，肆行殘害，甚則潛從外夷，公然作叛，而寧、紹等處亦然。㊹而倭寇、番夷、佛郎機人等倚海爲窟，出沒不時，頗難底詰。只因他們俱藉漳、泉之民而至，如能杜其誘引，則海防必可整飭。所以紈乃聽從福建按察司僉事項喬及士民之建議，請重保甲之令。云：

據月港士民嚴世顯等條陳海道謂：保甲之法甚切，濱海之俗舊嘗行之而鮮有効者，以阻於強梁，弊於里老，且無官府以督成之，宜乎効之不終也。又曰：泉州之安海，漳州之月港，乃閩南之大鎭，人貨萃聚，出入難辯，且有強宗世獲窩家之利，凡一鄉防禦之法皆不得施。今一方士民，徒爲此等所累，莫不怨之入髓。每聞上司之至，皆以爲大有所更化，苟有以慰其望，百姓必謳歌於道，豈敢從之作亂也哉！臣以官其地者之言如是，居其地者之言如是，而海防大壞又如是，曰兵，曰食，曰船，曰衙門、墩臺等項，計非歲時所能整頓，而夷船、賊船，乘風往來，瞬息千里，又非倉卒所能捍禦。臣反復思惟，不嚴海濱之保甲，則海防不可復也。㊺

遂督率有司行之，且反覆叮嚀，示以其先任已行之效，指以今日行之以不擾，守之以不縱不苛之法，申之以操縱在有司，不可在巨室之戒。削其繁密科條，告示先之以不追旣往，繼之以賞罰明其利害。旬月之間，月港、雲霄、詔安、梅嶺等處素稱難制者俱就約束。而廣東潮陽大夥賊衆黃福生等適入境內，首報到官，擒獲三十五人。⑯可謂因嚴保甲而收立竿見影之效。

保甲既行，奸豪失恃，此必使有勢有力之家素獲下海通番之利者，乘機倡禍，煽動愚民，希圖阻撓憲法。因此，朱紈乃給告示，遍行曉諭。那些通番的勢豪之家自知奸計不可行，卻又倡說在漳州海濱駕船逃竄，或冒風濤而死者，皆因嚴保甲之故，惟此一謠言並未造成傷害。當副使柯喬接管海防時雖亦有倡訛言者，但不爲所動而陸續擒獲賊黨三百六十餘名。⑰由此觀之，紈革鄉官之渡船，及嚴海濱之保甲，實有利於海防，而不便於所謂豪民、奸豪、強梁之輩。然他以爲自己過去提督南贛、汀、漳等處軍務時交承令旗，令牌八面，如遇盜賊入境劫掠，即便調兵剿殺，若有軍前違期逗留畏縮，俱聽軍法從事。生擒盜賊，鞫問明白，亦聽斬首示衆。而今自己所兼管的地方較前更廣，所負責任較前尤重。故請世宗降敕兵部查議，比照南贛、汀、漳等處提督軍務事例，給發旗牌，申明前項軍法，使濱海愚民知天討之無私信，有罪之必罰，則姦狡者失其智，咆哮者失其勇，而自己則可奉以周旋，或可免辱使命之罪。⑱亦即朱紈除革渡船，嚴保甲外，復乞賜令旗、令牌，以加強其隨宜調度官軍，即時剿捕，防禦地方盜賊及海寇生發，或倭夷入貢爲亂之效。此一請求亦爲世宗所同意。⑲

六、掃蕩倭寇淵藪

嘉靖二十七年二月二十八日，朱紈據浙江按察司巡視海道副使沈瀚呈據定海指揮潘鼎呈報，外洋朱家尖於本月十五日午時，瞭見蓮花海洋有可疑大小船各一隻望北行，乃使哨探消息另報。至三月初七日，又據浙江總督備倭署都指揮僉事朱恩至呈同前事內開船遁散。又據沈瀚所呈報之內容亦相同，及稱海中地名大麥坑，與雙嶼兩山對峙，番賊盤據二十餘年，率難輕動。近據原差網船戶三十七等哨探雙嶼賊船，現已移泊大麥坑山躲避風雨等因陸續呈報。更有沿海奸民私通日本，教與銃砲。然紈訪得浙兵素弱，海賊素驕，故乃以防倭爲名，通行福建巡視。海道副使柯喬選取慣戰兵夫千餘，船三十隻，由海道專備海戰。又行浙江溫處兵備副使曹汴選取松陽等縣慣戰鄉兵千名，由陸路專備海防，俱委福建都司掌印署都指揮盧鏜統領，約在浙江海門屯劄，並分遣沈瀚、曹汴、謝體升、翁學淵、余爌、柯喬等住劄溫州、台州、海寧、福寧州、泉州諸地，各督率沿海守哨官兵，地方保甲，搜邏接濟之奸人。遇有海賊奔逸，即便邀截剿捕。(70)而盧鏜又聽從朱紈調度，於本月二十六日督發福清兵船，開洋前往雙嶼賊巢，相機剿捕。紈復令海道副使魏一恭星馳前去，會同各道，務與鏜協心共謀，主客兵船，水陸地方，互相策應。(71)

浙江定海雙嶼港，乃海洋天險，叛賊糾引外夷，深結巢穴，名義上固爲貿易，實則從事劫擄勾當。而實有此等嗜利無恥之徒，交通接濟賊寇。有財力者出貲本，無財力者輾轉稱貸；有計謀者誆領官銀，無計謀者質當人口；有財勢者揚旗出入，無財勢者投託假借；雙桅、三桅，連檣往來。愚下之民，則以一葉之艇，送一瓜，運一罇而率得厚利，馴致三尺童子，亦知雙嶼爲其衣食父母。(72)朱紈云：

賊首許二（楠），糾集黨類甚衆，連年盤據雙嶼以爲巢穴。每歲秋高風老之時，南來之寇悉皆解肢，惟此中賊黨不散。用哨馬爲遊兵，脅居民爲嚮導。體知某處單弱，某家殷富，或冒夜竊發，或乘間突至，肆行劫虜，肆無忌憚。彼進有必獲之利，退有可依之險，正門庭之寇也。此賊不去，則寧波一帶永無安枕之期。但上項地方懸居海洋之中，去定海不六十餘里，雖係國家驅遣棄地，久無人煙住集，然訪其形勢，東西兩山對峙，南北俱有水口相通，亦有小山如門障蔽。中間空闊約二十餘里，藏風聚氣，巢穴頗寬。各水中賊人晝夜把守，我兵單弱，莫敢窺視。(73)

由於當時雙嶼等島賊船負固蟠結，各路官兵乃默定約束，聽從軍門命令進取，且探賊船下落。即督兵船，或圍困，或邀擊，或出其不意爲擣穴焚巢等計，緩急相機行事，務期萬全。四月二日，攻襲大賊船一隻，除斬獲首級外，又生擒倭夷稽天、新四郎二名，賊犯林爛四等五十三名，及鹵獲船隻、器械無數。五日，把總指揮潘鼎，張四維復擒獲雙嶼港賊首李光頭船內濟米、酒賊徒。明日，紈所督之兵，俱至雙嶼賊巢。經各路兵馬之衝鋒陷陣，終於攻破巢穴，除沉敵船及鹵獲佛郎機銃、火藥、番衣帽、滕牌、各式船隻、武器外，又捕獲許多通番者及眉須、法哩須滿刺、沙里馬喇咖呋里等國之夷人。(74)五月，當寧波飛書報告夷館有人誘引日本貢使作亂，使之先殺巡撫而衆志大爲動搖之際，紈卻堅臥定海鎮之渡海達觀，遂扼雙嶼之隘，賊徒因而失其巢穴往來外洋者一千二百九十餘艘，官軍連戰皆捷。(75)六月二十日，賊酋許棟亦爲金鄉衛指揮吳川等所拿獲。(76)其黨王直等遂收餘衆遁逃。(77)朱紈在同年十月十日所上〈三報捷音疏〉中，對於在此役中所捕獲之中國奸民及夷人的年籍，干犯禁令的情形等均作詳盡的報告。因此，世宗以其任事效勞而賜予白銀十兩，綵段一表裏，以爲犒賞。⑱

朱紈雖已攻破雙嶼賊巢，但因該處形勢有如前文之所述，所以他有意將該處立爲水寨，屯軍聚守，勿令空閒，復爲賊人所據，使之對外足以拒賊，對內足以爲藩屏。⑲惟據副使魏一恭回稱；雙嶼四面大洋，勢甚孤危，難以立營戍首，福兵俱不願防守該處，故只以塞港口爲當。⑳紈於扶病審視該處形勢以後，遂以椿木滿港密釘，仍採山石亂塡椿內，使椿石相制，衝擊不動。潮至則淤泥漸積，賊至則拔掘爲難。結果，賊徒遂分泊南麂、礁門、青山、下八諸島。㉑之後，雖有海賊在浙登岸，殺擄軍民，因得朱紈之用兵遣將緝捕，致均未釀成大害。㉒

雙嶼一傾，怨讟四起。有勢者竟宣言被紈所擒者皆良民，非賊黨，用以搖惑人心。又挾制有司，要其將脅從賊徒之被擄者以輕罪發落，情節重大者，則欲其引用強盗拒捕之刑律來處置。因此，紈乃上疏駁之云：

今照各犯，潛從他國，朝見國王，皆犯謀叛之律。潛通海賊，嚮導劫掠，皆違下海之例。……擒斬各賊，皆在海島之外，戰陣之中。其交通諸姦，副使魏一恭亦稱憑賊當時口報，次日報者一切不准。至於所獲黑番，其面如漆，見者皆爲之驚怖，往往能爲中國人語。而失恃之徒，背公私黨，藉口脇從被虜之說。問官執持不堅，泛引強盗罪人之律，不究謀叛嚮導之由，衆證無詞者，則從此比附以爲他日之地，稍能展轉者則擬徒杖，供明徑欲釋放。參詳脅從被虜，皆指良民，今禁海界限分明，不知何由被虜，何由脅從，不知何人知證，何人保勘。若以入番導寇

> 爲強盜，海洋對敵爲拒捕，不知強盜者何失主，拒捕者何罪人。……蓋中國無叛人，則外夷無寇患；本地無窩主，則客賊無來蹤。今入貢者既稱使臣，不知入寇者又稱哄騙背本。臣愚以爲遠夷畏服，在此一舉，召釁速禍，亦在此一舉。臣既欽奉提督軍務之命，乞勅兵部議照臣先任南贛軍門事體，候駁行三司從公會問，將衆證顯著林爛四、許陸、陳四、倪良貴、奚通世、顧良玉、劉奇十四等，容臣於軍門梟首示衆，餘賊監候轉詳處決。[83]

遂將在雙嶼捕獲之寇賊以便宜行戮。此時，紈亦曾先後向世宗奏報各將士討倭之功過。[84]

前此當朱紈處置日本貢使策彥周良之際，曾與主張將其發回者辯爭，且言：

> 去外國盜易，去中國盜難；去中國瀕海之盜猶易，去中國衣冠之盜尤難。[85]

而直接向閩、浙勢豪之家攻擊。於是諸勢豪家大譁，益詆紈不休。乃使出身閩地之御史周亮，給事中葉鏜，言浙江巡撫兼攝福建海防，往來奔命，恐貽誤事機，且無此先例，請改紈爲巡視。而吏部竟用周亮、葉鏜之言，奏改紈爲巡視，以削弱其權限。[86]因此，紈乃於二十八年春上疏言：

> 臣整頓海防，稍有次第，亮欲侵削臣權，致屬吏不肯用命。[87]

旋又以自己久病，無法勝任巡撫之職爲理由，上疏要求致仕，以存大體。且陳明國是，正憲體，定紀綱，扼要害，除禍本，重決斷六事[88]而語多憤激。因朝中士大夫已先聽信閩、浙人之言，故對紈之此一言論，遂亦有不悅之者。[89]

前此，紈討溫州、盤石、南麂諸賊，連戰三月，大破之，還平處州礦盜。二十八年三月，佛郎機國人行劫至詔安。紈擊擒其渠魁李光頭等九十六人，復以便宜戮之。(90)且上疏報告其征剿情狀，而其言復犯諸勢豪之家。職此之故，御史陳九德遂劾紈擅殺。結果，紈落職，命兵科給事中杜汝禎按問。(91)紈聞之，憤慨不已，乃作〈俟命辭〉曰：

萬劫群兇，獨立孤蹤。八疏軍功，十疏愚忠。一官早辭，一命莫容。浙、閩之機械則巧，宵旰之緩急誰庸？蓋以海爲利之家，布列顯要；故以是爲非之口，充塞鴻蒙。披腹經年，正懼多讒之險；乞骸請老，敢干不韙之公。日月在天，雲霾在地，便宜敕旨，遂成文具；旗牌軍令，遂成兒戲。世睢誰開？黨同伐異。知責人以常法，不念呼吸之兵機；知諭事以常情，不念順逆之名義；知一時賊命之當惜，不念累年赤子之倒懸；知一時威炳之當收，不念累年冠履之倒置。知坐計以旬月，不念先奏福寧得報云云。相去漳州千里，知遙制以文墨，不念先奏先人奪人云云。實爲天閽萬里，變虞倉卒。孰非督陣之時，事繫機宜？未奉班師之旨九十六。孰訊之醜，若云可矜，若云可疑，數百千航海之家，何據而作？何據而止？茲幸指揮粗定，大開報復之門，向使反側四起，必樹激變之幟。報復尚爾，公行激變，固當文致。不然開府職掌參劾，何姦宄悉見彌縫？極口條陳利害，何上下曲爲蘊蔽？屠府朝貢夷國，謂非叛臣；寧波謀殺巡撫，謂非怙勢。鄭世威朱（未）奉復職之旨，布置陞遷；張德熹顯犯通賊之私，頤指營衛。惟功惟忠，爲仇爲厲。作福作威，孰大孰細？且內外錄囚應死，尚多摭拾之詞，今薦紳爲賊前驅，孰無迎合之弊？會議如此，支吾者得無牽制？盡刪原奏之要，全爲知賊之計。既非賊，曷慮不

> 靖？既得勘，喝煩告示？既慮變，曷不體念當事之人？既佑賊，曷不早寢開府之議？軍門未撤，占風之月無波；勘使未來，僞府之船已熾。開刀至於開胸，豈法所許？殺人至於殺官，何詞可諉？將官人之命輕於叛賊，抑天子之法輕於勢利。前此一年，臣奏九重，固曰：不死盜賊之手，必死筆舌之鋒。斯言既驗，俟命爲恭。亂曰：糾邪定亂，不負天子；功成身退，不負君子。吉凶禍福，命而已矣；命如之何！丹心青史。一家非之，一國非之。人孰無死？惟成吾是。92

當聞世宗命至時則慷慨流涕曰：

> 吾貧無賄賂不任獄，病痔不任獄，負氣不忍垢不任獄。縱天子不欲死我，大臣且死我，閩、浙人必死我。我死，自決之，不以授人也。93

遂製〈壙志〉，仰藥而死。94

二十九年，給事中杜汝禎，巡按御史陳宗夔還，稱奸民私販雖拒捕，並無僭號流劫事，而坐紈擅殺之罪，於勢家違禁勾結私販之事則隻字未提，但以縱容部下受賄，坐視冒功之詞報告世宗，而務陷紈於罪。於是世宗下詔逮紈，然紈已前死。其與紈同執海禁令之柯喬、盧鏜等，亦受牽連而同被論重辟。95結果，嚴厲海禁因紈死遂寢而不行。

七、結語

前文已說因私販猖獗，海氛轉劇，明廷乃於嘉靖二十六年（一五四七）採巡按浙江監察御史楊九澤之建議置浙江巡撫，而衆推朱紈擔任斯職，使之管轄閩、浙海防。紈上任後，除閱視海防外，復乞假事權，以防巡按御史從中掣肘，影響自己工作。明年，將進攻雙嶼，使副使柯喬，都指揮黎秀等分駐漳、泉、福寧，遏賊奔逸。使都司盧鏜將福清兵由海內進，此時適逢日本貢使策彥周良違約，人、船踰額，先期而至。紈奉詔便宜處分，乃要周良自請，下不爲例。錄其船，延周良入寧波嘉賓館。當時雖有奸民投書激變，但因紈防範嚴密，奸計遂不得行。夏四月，鏜等遇賊於九山洋，俘日本人稽天，渠魁許棟、李光頭等亦先後就擒。棟黨王直等，收其餘黨遁逃。紈下令塡堵雙嶼而還。結果，番舶後至者不得入，遂分泊南麂、礁門、青山、下八諸島。

紈雖極欲將其工作做好，使沿海奸民，勢豪之家不復有濳從外夷，或與之勾結違禁私販的機會，卻因此得罪勢豪之家，不僅其權被削，改巡撫爲巡視，更被誣縱容受賄，坐視冒功，擅殺而失位。因此，他憤慨異常，仰藥而死。

如據《明史》〈朱紈傳〉卷末語，則紈個性清強峭直，勇於任事。王世貞、馮時可、林之盛、劉鳳諸人則謂其爲人清廉，談及政事有蠹蝕，若饑寒著其股腹，不更不已，即豪右眈眇不奪。且譽他：「十年中丞，田不畝闢，家無斗儲之良吏。」[96]只因其個性清強峭直，故其言論往往侵害勢豪之家，終爲其所搆陷，朝野爲之太息。[97]自紈死後，罷巡視大臣不復設，中外搖手不敢言海禁事。非僅如此，浙中衛所四十一，戰船四百三十九，尺籍盡耗。紈所招福清捕盜船四十餘，分布海道，在台州海車衛者四十有四，爲黃巖外障者，竟爲副使丁湛所盡遣而撤備弛禁。[98]結果，未幾而海寇大作，釀成三十年代之所謂嘉靖大倭寇，任其毒害東南十餘年。

紈之失敗固由於勢家之搆陷，但他之未能顧及唐、宋以來國人向海外發展之趨勢，一味加以剿捕，亦有以致之。由於私販可獲鉅利，故海禁雖趨嚴厲，下海通番者卻反而增加。初時，福建從事私販及誘引番舶來華者雖多跳海不法之徒，後來則勢豪之家多染指其間，每挾制官府，說情拯救。更有甚者，或與倭夷通婚，或假濟渡爲名，造雙桅大船，運載違禁貨物而官吏不敢詰。或又負欠其貨款，而許棟等即誘之攻剽，終至寇亂接踵，生民塗炭。⑲

在此情形之下，朱紈未能設法消弭亂源而一味厲行海禁，有犯獲則必戮，罔顧小民生理。並且又令沿海居海素與番人通商往來者轉相告引。於是人心洶洶，或誣善良，其畏官兵搜捕者，遂勾結島夷及海中巨賊劫掠。⑩而紈疏中之言，復常以憤語相侵，且舉私通外夷者之名籍，致與濱海勢家形同水火。設若紈之言行不過偏激，操切，適可而止，以官府之力，使勢家不復負欠番商之貨值，則外夷當不致爲亂。乃紈不如是爲而外搗雙嶼，內搜窩主，更暴露其姓名而書之於朝。結果，勢家爲自己安危，自然極力予以排擠，搆陷，非將他置諸死地不可。至於閩地出身的周亮、葉鏜，及杜汝禎、陳宗夔等人之所以極力使紈獲罪，則當與因出身之不同，或派系之不同而來的傾軋有關。

迄至神宗萬曆十五年（一五八七）二月，禮部以「紈淸直耿介，祇因嚴禁通番，遂中媒孽；與疾督兵，竟被讒追論。聽勘飲鴆之日，家無宿儲，迄今妻子寄食於人，不能自存」爲理由，疏請「破格優恤，以鼓効忠之心，振任事之氣」。⑩神宗乃下詔「與祭一壇，減半造葬」，於是紈所蒙冤屈遂得大白。

〔註釋〕

①：鄭舜功，《日本一鑑》（商務印書館，民國二十八年據舊鈔本景印本）〈窮河話海〉，卷六，〈海市〉條云：「皇明洪武辛亥（四年，一三七一），福建興化衛指揮李興、李春，私遣人出海行賈。上命都督府臣嚴處之。」

②：《明太宗實錄》，卷三八，永樂三年正月戊戌朔戊午條云：「遣行人譚勝受，千戶楊信等往舊港招撫逃民梁道明等。道明，廣東人，挈家竄居於彼者累年。廣東、福建軍從之者至數千人，推道明爲首。」本文所引用之《明實錄》爲中央研究院歷史語言研究所發行之景印本。

③：《明憲宗實錄》，卷一三六，成化十年十二月壬午朔乙未條云：「工科右給事中陳峻等使占城，不果入而還。以原領詔敕及鍍金銀印、綵段等物進繳。初，峻等使占城封國王槃羅茶悅。航海至占城新洲港口，守者拒不容進。譯知其地爲安南所據。而占城王避之靈山。既而之靈山，則知槃羅茶悅舉家爲安南所虜，而占城之地已改爲交南州矣！峻等遂不敢入。然其所齎載私貨，及挾帶商人數多，遂以遭風爲由，越境至滿剌加國交易，且誘其王遣使入貢。」

④：宋素卿，鄭舜功，《日本一鑑》〈窮河話海〉，劵七，〈市舶〉條云：「鄞之朱漆匠賒得夷人湯四五郎漆器價錢入手花費，竟無貨償。貢船歸國之秋，不得漆器，將告於官。行人慮責與之催逼。而朱漆匠計出無奈，以子朱縞

塡去後，更姓名宋素卿。於正德辛未（五年）奉使入朝。其叔朱澄首鳴其事。比賂逆（劉）瑾，得以放去復生。癸未（靖嘉二年）之禍，此皆行人所致也。」《明武宗實錄》，卷六〇，正德五年二月丁亥朔己丑條則云：「日本國王源義澄，遣使臣宋素卿來貢。賜宴、給賞，有差。素卿私饋瑾黃金千兩，得賜飛魚服。陪臣賜飛魚，前所未有也。」同書卷六二，同年四月丙戌朔庚子條更云：「日本國使臣宋素卿，本名朱縞。浙江鄞縣人。弘治間潛隨日本使臣湯四五郎逃去。國王寵愛之，納爲壻。官至綱司，易今名。至是，充正使來貢，族人尚識其狀貌，每伺隙，以私語相通，素卿輒以金銀餽之。鄉人發其事。守臣以聞。下禮部議。素卿以中國之民潛從外夷，法當究治，但既爲使臣，若拘留禁制，恐失外夷來貢之心，致生他隙。宜宣諭德威，遣之還國。若素卿在彼反覆生事，當族誅之。」

⑤：夏言，《桂洲奏議》（明嘉靖間刊本），卷二，〈請勘處倭寇事情疏〉。張翀，《張都諫奏議》（明崇禎刊本），卷一，〈杜狡夷以安中土疏〉。嚴從簡，《殊域周咨錄》（明萬曆間刊本），卷二，〈日本〉。《明世宗實錄》，卷二八，嘉靖二年六月庚子朔甲寅條。鄭舜功，《日本一鑑》〈窮河話海〉，卷七，〈使館〉；卷八，〈評議〉條。參看鄭樑生，《明代中日關係研究》（臺北，文史哲出版社，一九八五年四月），頁三三四～三四八，或《明・日關係史の研究》（東京，雄山閣，一九八五年一月），頁二八五～二九七。

⑥：《明世宗實錄》，卷二八，嘉靖二年六月庚午朔甲寅、戊辰；卷三三，同年十一月丁卯朔癸巳；卷五〇，四年四月庚寅朔癸卯；卷五二，同年六月乙丑朔己亥；卷二三四，十九年二月甲子朔丙戌各條。參看註四所舉鄭樑生所著書。

⑦：參看鄭舜功，《日本一鑑》〈窮河話海〉，卷六，〈海市〉、〈流逋〉條。

⑧：朱紈，《甓餘雜集》（明萬曆間刊本），卷二，嘉靖二十六年十二月二十六日，〈請明職掌以便遵行事疏〉。此疏並見於《皇明經世文編》（明嘉靖間刊本）。卷二〇五，以下簡稱《文編》。

⑨：參看徐學聚，《嘉靖東南平倭通錄》（臺北，廣文書局，民國五十六年十月。附於《倭變事略》），卷首語。谷應泰，《明史紀事本末》（徐松節錄並補論，清徐松手寫本），卷五五，〈沿海倭亂〉。

⑩：朱紈，《甓餘雜集》，卷三，嘉靖二十七年六月二十七日，〈海洋賊船出沒事疏〉。此疏並見於《文編》，卷二〇六。

⑪：《明世宗實錄》，卷三二四，嘉靖二十六年六月庚辰朔癸卯條。

⑫：朱紈，《甓餘雜集》，首卷，嘉靖二十八年九月既望〈自序〉；卷一，嘉靖二十六年九月初一日，明世宗，〈敕諭〉。《明世宗實錄》，卷三二四，嘉靖二十六年六月庚辰朔癸卯條。《明史》（臺北，鼎文書局標點本），卷二〇五，〈朱紈傳〉；卷三二二，〈日本傳〉。

⑬：鄭舜功，《日本一鑑》〈窮河話海〉，卷六，〈海市〉條。

⑭：同前註。

⑮：同前註。

⑯：鄭舜功，前舉書卷六，〈流逋〉條。

⑰：同註⑫。

⑱：同註⑫。

⑲：《明世宗實錄》，卷三五〇，嘉靖二十八年七月戊辰朔壬申條。鄭舜功，前舉書卷六，〈流逋〉條。

⑳：同註⑮。

㉑：《明世宗實錄》，卷四二二，嘉靖三十四年五月甲午朔壬寅條所記南京湖廣道御史屠仲律，〈條上禦倭五事疏〉，首條〈絕亂源〉。鄭若曾，《籌海圖編》（明嘉靖四十一年刊本），卷一一，〈經略〉一，〈叙寇原〉條。

㉒：同前註。

㉓：《明太祖實錄》，卷二一一，洪武二十四年八月乙卯朔癸酉條云：「海盜張阿馬，引倭夷入寇，官軍擊斬之。阿馬者，台州黃巖縣無賴民，常潛入倭國，導其群黨至海邊剽掠，邊海之人甚患之。至是，復引其衆，自水桶澳登岸，欲劫掠居人。遇杭州餉運百戶孔希賢。與戰，不勝而死，兵船皆爲所掠。百戶金鑑，別率所部奮擊，斬其首賊一人，賊退走。軍校費麗保、吳慶，乘勢追之。至海岸，並獲阿馬，斬之。」

㉔：《甓餘雜集》，卷一，嘉靖二十六年十二月二十六日，《閱視海防事疏》。此疏並見於《文編》，卷二〇五。

㉕：朱紈，前舉書卷二，〈請明職掌以便遵行事疏〉。

㉖：徐學聚，《嘉靖東南平倭通錄》，卷首語。谷應泰，《明史紀事本末》，卷五五，〈沿海倭亂〉。

㉗：朱紈，前舉〈海洋賊船出沒事疏〉。

㉘：朱紈，前舉書首卷，〈自序〉；卷一，嘉靖二十五年十月十八日，明世宗，〈敕諭〉。《明史》，卷二〇五，〈朱紈傳〉；卷三二二，〈日本傳〉。

㉙：朱紈，前舉書首卷，〈自序〉；卷一，嘉靖二十六年九月初一日，明世宗，〈敕諭〉。《明世宗實錄》，卷三二四，嘉靖二十六年六月庚辰朔癸卯條。《明史》〈朱紈傳〉、〈日本傳〉。

㉚：朱紈，前舉書卷一，〈閱視海防事疏〉。《明史》〈朱紈傳〉。

㉛：同前註。

㉜：同前註。

㉝：朱紈，《甓餘雜集》，卷二，〈請明職掌以便遵行事疏〉。

㉞：同前註。

㉟：同前註。

㊱：同前註。

㊲：朱紈，《甓餘雜集》，首卷，〈自序〉。

㊳：朱紈，《甓餘雜集》，卷二，嘉靖二十六年十二月二十六日，〈剿除流賊事疏〉；卷三，嘉靖二十七年六月二十七日〈謝恩事疏〉。

㊴：同註㊱。

㊵：策彥周良（一五〇一～一五七九），日本戰國時代（一四六七～一五六七）臨濟宗禪僧。曾師事京都天龍寺之心翁等安。擅長中國詩文，以日本五山文學末期巨擘著稱於世。嘉靖十八年（一五三九），以朝貢副使，二十六年則以正使身分來華。遺有在兩次使華期間撰寫之《初渡集》、《再渡集》，合稱爲《策彥入明記》，被收錄於《續群書類從》。

㊶：《明世宗實錄》，卷三三〇，嘉靖二十六年十一月戊寅朔丁酉條。

㊷：釋壽光、清涼二人均非室町幕府派遣之使節。參看《明史》〈日本傳〉。

㊸：朱紈，前舉書卷一，〈閱視海防事疏〉。

㊹：同註㊵。

㊺：朱紈，前舉書卷二，嘉靖二十七年四月初六日，〈哨報夷船事疏〉。此疏並見於《文編》，卷二〇五。

㊻：潘鼎、寧波衛指揮等人之牌諭見於日本「芳洲文庫」所典藏《嘉靖公牘集》。

㊼：同註㊹。

㊽：當時寧波府、定海縣之職官曾經一再告諭周良一行回國，俟屆貢期再來。參看《嘉靖公牘集》，第十、十九、二十一號文書。

㊾：朱紈，《甓餘雜集》，首卷，〈自序〉云：「戊申（嘉靖二十七年，一五四八）正月，在興化聞倭夷求貢，詔不許，下撫臣處分。」

㊿：同註㊹。

51：《明世宗實錄》，卷三三七，嘉靖二十七年六月甲申朔戊申條。

52：同註㊹。

53：《徐文貞文集》（《文編》，卷二四四），卷一，〈覆處日本國貢例疏〉。

54：策彥周良，《再渡集》，嘉靖二十七年七月二十三日條云：「巳刻，二府老爹駕臨于本堂，告示文書到來事，滿館喜氣如春。予暨副使、居座、土官以下迎接。有恆例，無四拜。」

55：朱紈，前舉書首卷，〈自序〉。卷三，嘉靖二十七年五月二十六日，〈不職官員背公私黨廢壞紀綱事疏〉云：「嘉靖二十七年五月十四日，據浙江寧波府署印推官張德熹齎呈，節該嘉賓館內日本國使臣周良等呈，夜間有書投入本館內開：大明黃大醫拜書，嘉靖十八年來貢，鎮日酒食來往，何其親密。去年六月，聞知來貢，不想阻住海外半年。既得進，又禁之嘉賓館，何其艱苦。我國都御史海道，何必苦苦提防？我國皇帝今教都御史起兵誅使臣，差勇將。都司必在五月十三日起兵圍住嘉賓館，放火燒死使臣。又恐汝等走，差邊將一人，領小船數百圍住定海關，放火燒汝船。我與情若兄弟，焉不說知。可在夜間先起兵殺都御史海道，隨下船而走，不可再殺。」《明世宗實錄》，卷三四六，嘉靖二十八年三月辛未朔壬申條。《弇州史料後集》，卷二五，〈象贊〉，三。談遷，《國榷》（北京，中華書局，一九五八年十二月），卷五九，嘉靖二十六年六月庚辰朔癸卯條。鄭舜功，《日本一鑑》〈窮河話海〉，卷七，〈市舶〉；卷八，〈評議〉條。《明史》〈朱紈傳〉。

(56)：東庫，明廷爲暫時存放日本貢使所攜貢品、自進物等而設於寧波之倉庫。它位於嘉賓館之旁。參看鄭樑生，《明代中日關係研究》，頁九〇所附「寧波郡治圖」。

(57)：策彥周良，《再渡集》，嘉靖二十七年十月六日、十六日；二十八年四月十八日、二十五日、二十八日；五月六日各條。

(58)：有關歸還弘治勘合、正德勘合，及頒發嘉靖新勘合等問題，請參看徐階，《覆處日本國貢例疏》，及鄭樑生，〈嘉靖間明廷處置日本貢使策彥周良始末〉（《漢學研究》，六卷二期。臺北，漢學研究中心，一九八八年十二月，或《中日關係史研究論集》㈠〔台北，文史哲出版社，民國七十九年七月〕，頁五三～八六）。

(59)：徐學聚，《嘉靖東南平倭通錄》，卷首語。

(60)：朱紈，《甓餘雜集》，卷一，〈閱視海防事疏〉。

(61)：同前註。

(62)：同前註。

63：同前註。

64：朱紈，《甓餘雜集》，卷一，嘉靖二十六年九月初一日，明世宗給浙江巡撫朱紈〈敕〉。

65：同註59。

66：同註59。

67：同註59。

68：朱紈，《甓餘雜集》，卷二，嘉靖二十六年十二月二十六日，〈請給令旗令牌事疏〉。

69：朱紈，前舉書卷三，嘉靖二十七年六月二十七日，〈謝恩事疏〉云：「伏蒙皇上軫念浙江、福建地方連年不靖，俯從兵部議題特准給臣旗、牌八面。副如遇賊入境劫掠，調兵剿殺。若有違期逗遛退縮，及生擒盜賊，鞫問明白，聽以軍法從事。」此疏與註㊳之〈謝恩事疏〉之內容不同。又，卷四，嘉靖二十七年十月初十日之〈謝恩事疏〉，則言其已接到令旗、令牌。

70：朱紈，前舉書卷二，嘉靖二十七年四月初六日，〈瞭報海洋船隻事疏〉。

71：同前註。

72：朱紈，前舉書卷二，〈閱視海防事疏〉；卷三，嘉靖二十七年六月二十七日，〈海洋賊船出沒事疏〉。

73：朱紈，前舉書卷二，嘉靖二十七年五月二十五日，〈捷報擒斬元兇蕩平巢穴以靖海道事疏〉。

74：同前註。

75：朱紈，前舉書，〈自序〉。

76：朱紈，前舉書卷四，嘉靖二十七年十月初十日，〈三報海洋捷音事疏〉。

⑦：《明史》〈朱紈傳〉。

⑱：朱紈，前擧書卷四，嘉靖二十七年十二月初八日，〈謝恩事疏〉。此疏並見於《文編》，卷二〇五。

⑲：朱紈，前擧書卷四，嘉靖二十七年十二月十六日，〈雙嶼塡港工完事疏〉。

⑳：同前註。

㉑：朱紈，〈雙嶼塡港工完事疏〉。談遷，《國榷》，卷五九，嘉靖二十七年四月丙午朔癸卯條。《明史》〈朱紈傳〉。谷應泰，《明史紀事本末》，卷五五，〈沿海倭亂〉。

㉒：朱紈，前擧書卷四，嘉靖二十七年十二月十三日，〈海賊登岸殺虜軍民事疏〉。

㉓：朱紈，前擧書卷四，〈四報擒平浙海賊巢事疏〉；卷五，嘉靖二十八年正月初八日，〈五報海洋捷音事疏〉、〈申論不職官員背公私黨廢壞紀綱事疏〉。

㉔：朱紈，註㉒所擧〈申論不職官員背公勾黨廢壞紀綱事疏〉。

㉕：朱紈，前擧事卷五，嘉靖二十八年正月初八日，〈曠官違衆乞殘喘以存大體獻末議以圖久安事疏〉。

㉖：《明世宗實錄》，卷三三八，嘉靖二十七年七月甲戌朔條云：「初，浙江既設巡撫都御史，兼管福建海道，提督軍務，以朱紈爲之。乃御史周亮，給事中葉鏜，先後俱言不便。亮謂：紈原係浙江巡撫所兼轄者，止於福建海防。今每事遙制諸司，往檢奔命，大爲民擾。鏜謂：紈以一人兼轄二省，非獨閩中供應不便，即如近日倭夷入貢，艤舟浙江海口，而紈方在福建督捕惠安等縣流賊，彼此交急，簡書狎至。紈一身奔命，已不能及矣。今閩、浙既設有海道專官，苟得其人，自不必用都御史，若不得已，不如兩省各設一員。吏部覆言：浙江舊無巡撫，或遇有警，遣重臣巡視，事寧即止。今宜裁革巡撫，而復巡視舊制。上曰：浙江巡撫，去歲無故添設，一時諸

臣依違議覆，以致政體紛更。今依擬，朱紈仍改巡視，事寧回京。凡一切政務，巡按御史如舊規行。」《明史》〈朱紈傳〉、〈日本傳〉。《甓餘雜集》，卷一，嘉靖二十七年七月二十七日，明世宗，〈再改巡視敕〉。

⑰：同註⑮。《明史》〈日本傳〉。

⑱：註⑮所舉〈曠官廢衆乞殘喘以存大體獻末議以圖久安事疏〉。

⑲：《明史》〈日本傳〉。

⑳：《明世宗實錄》，卷三四七，嘉靖二十八年四月庚子朔庚戌條。

㉑：同前。《明史》〈日本傳〉。

㉒：朱紈，《甓餘雜集》，卷一〇，〈俟命辭〉。

㉓：同前註。

㉔：《明史》〈朱紈傳〉。

㉕：盧鏜雖同被論重辟，但並未被處死，爲巡視王忬奏釋起用爲副將，從事剿倭工作。在嘉靖三十六年（一五五七）時已晉升爲副總兵，受總督胡宗憲之指揮，從事討伐倭寇而立下不少戰功。至於柯喬之是否在此一時期見殺，則不可得而知之。

㉖：談遷，《國榷》，卷五九，嘉靖二十九年七月壬辰朔壬子條所引劉鳳、馮時可、林之盛、王世貞等人之言。

㉗：《明史》〈朱紈傳〉。

㉘：同前註。

㉙：朱紈，《甓餘雜集》，卷一，〈閱視海防事疏〉。鄭舜功，《日本一鑑》〈窮河話海〉，卷六，〈海市〉、〈流逋〉條。

⑩：陳文石，《明洪武嘉靖間的海禁政策》（臺北，臺灣大學文學院，民國五十八年八月），頁一四八。

⑩：《明神宗實錄》，卷一八三，萬曆十五年二月庚申朔癸亥條。朱紈，《甓餘雜集》，首卷，萬曆十五年十二月二十六日，明神宗，〈玉音〉云：「皇帝遣直隸蘇州府知府兪嘉言諭祭原任浙江巡撫都察院右副都御史朱紈曰：惟爾擢穎科名，歷官中外，秉純誠而爲國，矢一節以禔身。比開府吳越之交，攄先事安攘之策，申嚴海禁，逆折奸萌。乃緒業垂成而中道間阻，身殞流議，家無立錐，朕甚憫焉！是用特採鄉評，追頒卹典。爾靈不昧，尚其祇承。」

王忬與靖倭之役

——一五五二年七月～一五五四年五月——

一、前　言

自從朱紈於明世宗嘉靖二十六年（一五四七）擔任浙江巡撫，兼轄福建福、興、漳、泉、建寧等處提督軍務①以後，鑒於日本各島諸倭歲常侵掠，濱海居民與之勾結，紈乃嚴爲申禁，緝獲與倭交通者，不俟命，輒以便宜處斬。②並且又聽福建按察司僉事項喬與士民之言，採「革渡船，嚴保甲，搜捕奸民」③之措施，嚴厲執行海禁以後，素爲倭內主者因失利而怨恨。紈又數騰於朝，顯言大姓勾結倭寇之情狀，④結果，引起閩、浙人之不安忌恨，而閩尤甚。惟紈無視於此，於二十七年春攻擊浙江雙嶼與漳州月港，⑤給倭寇淵藪以很大打擊。因此，出身福建的巡按御史周亮，給事中葉鏜等人，竟上疏謂：浙江巡撫如兼攝福建海防，恐有貽誤事機之虞，且無先例。職此之故，凡有關城池、倉庫、錢穀、甲兵、刑獄之事，不使過問，請改紈爲巡視，而欲削弱其權。其黨之在朝者也擁護處分朱紈的言論，於是世宗竟聽其言而奪紈官，⑥而周亮等人又羅織朱紈擅殺之罪，結果，紈竟仰藥自殺。自紈死後，罷巡視大臣不復設，中外搖手，不敢言海禁事。浙中衛所四十一，戰船四百三十九，尺籍盡耗。紈曾招福清捕盜船四十餘，分布海道，其在海門衛者十四，爲黃巖外障，但副使丁湛，竟盡予遣散，撤備弛禁。⑦

撤備弛禁以後，倭寇之肆虐轉劇，故於朱紈失位後四年，廷議復設巡視，⑧由僉都御史王忬擔任此一職務。惟《明史》，卷二〇四，〈王忬傳〉所記載文字語焉不詳，同書卷三二二，〈日本傳〉亦僅言他無法控制倭寇之蔓延而已，所以無法瞭解他從嘉靖三十一年七月起至三十三年五月止，前後約兩年時間負責靖倭之實況。王忬在有明一代的征勦倭寇之戰役中，雖無傑出的表現，然他在擔任巡視期間，卻也盡其力量，採取若干海防措施，並實際從事勦倭工作。此一事實在整個靖倭之役裏雖不甚顯眼，但也居其中重要的一環而不容忽視。所以將其事實作一番考察，對研究明代倭寇肆虐的眞相，及明朝當局對消滅倭寇所作之努力將有更深一層之瞭解。職此之故，本文擬利用王忬本人所遺《御史大夫思質王公奏議》存六卷（明隆慶間刊本），及《明世宗實錄》、《明史》作爲主要依據，來探討此一方面的問題。

二、鞏固海防

如前文所說，朱紈失位以後，因撤備弛禁而倭寇復熾，故浙江巡按御史林應箕於嘉靖三十一年（一五五三）六月奏倭寇焚劫地方情狀，因參署海道副使李文進，海道副使丁湛等人失事之際，給事中王國禎，御史朱瑞登交章言：

> 海洋不靖，由朱紈得罪後裁革巡視都御史，故三省軍民無所鈐（鈐）轄。雖設有海道副使，而權輕不便行事，往往至狼狽失職，如丁湛、李文進等，已事可驗也，請復設都御史。⑨

事下吏、兵二部覆議的結果，由巡撫山東右僉都御史王忬擔任斯職，兼假以巡撫總督之權，使之節制諸省，以責其成功。⑩

王忬，字民應，浙江太倉人。父倬，南京兵部右侍郎，以謹厚著稱於世。忬登嘉靖二十年進士，⑪授行人，遷御史。皇太子出閣，疏以武宗居青宮爲戒。又劾罷東廠太監宋興。出視河東鹽政，因疾而歸。未幾，起按湖廣，復按順天。⑫

三十一年，忬被命爲巡撫山東右僉都御史。甫三月，以浙江倭寇猖獗，經廷議由其提督軍務，巡視浙江及福、興、漳、泉四府，許便宜從事。並設浙直參將，以瓊厓參軍署都指揮僉事俞大猷爲溫、台、寧、紹參將，中都留守司指揮僉事湯克寬爲福、興、漳、泉參將。⑬奏釋坐贓累繫於獄中之參將尹鳳，及坐朱紈事被繫於獄中之都指揮盧鏜等人爲副將，並募沿海壯民與狼、土兵分帥之，每日犒撫激勵，欲得其死力。⑭

如衆所周知，明太祖鑒於在其即位之初就遭倭寇騷擾，故曾於洪武三年（一三七〇）七月，置水軍等二十四衛；⑮四年，頒下海通番之禁，不許沿海居民私自出海。⑯次年八月，詔浙江、福建瀕海九衛造舟六百六十艘。⑰六個月後的六年正月，則爲對付「來莫或知，去不易捕」之倭寇，乃採用德慶侯廖永忠的制禦之策，使廣洋、江陰、黃海、水軍四衛營造多櫓快船巡洋，⑱更命吳禎爲總兵官，使他統率上述四衛官兵，並將京衛與沿海衛所之部隊歸其指揮，俾負防倭之責。⑲迄至八年四月，則使葉昇巡行溫、台、福、興、漳、泉、潮州等衛，與督造防倭海船，⑳並留意衛所之配置。十七年則令東川侯胡海督促金吾等衛，造船舟一百八十艘。㉑十七年至二十年之間，更命信國公湯和巡視浙江、福建，禁止人民下海捕魚，㉒及行視浙東西諸郡，整飭海防。且又命江夏侯周德興往福建濱海各郡，鞏固國防。因此，湯和乃在兩浙地方築城五十九，民戶四丁以上者，以一爲戍卒，得五萬八千七百餘人，分戍諸衛。周德興則於福建沿海相視形勢，衛所城不當要害者予以移置；民戶三丁取一，以充戍卒。乃築城一十六，增巡檢司四十五，得卒一萬五千餘人。㉓這些措施，曾獲得某種程度之效果。故茅坤所謂：

> 國初時，亦由方谷（國）珍、張士誠殘黨竄入海島中，因而煽誘倭奴，相與爲敵。高皇帝命將出師，數年無功。已而降之黃榜，赦去罪人，久而安定。㉔

即指此間情形而言者。茅坤所謂「久而安定」，固有若干誇張成分，但這些措施之能夠維持小康局面，卻是事實。惟在太祖以後，其子孫們因過慣了太平日子，故未能時時留意海防，所以從英宗正統年間（一四三六～一四四九）開始，太祖所爲之海防設施逐漸破壞，至武宗正德年間（一五〇六～一五二一）便完全廢弛。致

> 衛所官軍既不能以殺賊，又不足以自守，往往歸罪於行伍空虛，徒存尺籍，似矣！然浙中如

寧、紹、溫、台諸沿海衛所，環城之內，並無一民相雜，廬舍鱗集，豈非衛所之人乎？顧家道殷實者，往往納充吏承，其次賂官出外爲商，其次業藝，其次投兵，其次役占，其次搬演雜劇，其次識字，通同該伍，放回附近原籍，歲收常例，其次舍人，皆不操守。即此八項，居十之半，且皆精銳。至於補伍食糧，則反爲疲癃殘疾老弱不堪之輩，軍武不振，戰守無資，弊皆坐此。至於逃亡故絕，此特其一節耳。㉕

因此，唐順之曾說：

國初，海防規畫，至爲精密，百年以來，海烽久熄。人情怠玩，因而驟廢。國初，海島近處，皆設水寨，以據險伺敵。後來將士憚於過海，水寨之名雖在，而皆自海島移至海岸。聞老將言：雙嶼、烈港、浯嶼諸島，近時海賊據以爲巢者，皆是國初水寨。㉖

而朱紈也說：

如總督備倭官黎秀，奉有專敕，以都指揮體統行事，海防其職守也。臣相見之初，問軍數不知，問船數不知。及令開報，則五水寨把總官五員，尚差職名二員，餘謄舊册而已，稍加較對，通不相合。總督如此，其他可知。又如漳州衛與漳州府同城，官軍月糧少派三個月。至於銅山等所缺支二十箇月，泉州高浦等所缺支一十箇月，其餘多寡不等，無一衛一所開稱不缺者。又如戰哨等船，銅山寨二十隻，見在止有一隻，玄鍾澳二十隻，見在止有四隻，浯嶼寨四十隻，見在止有十三隻。見在者俱稱損壞未修，其餘則稱未造。又如巡簡（檢）司，在漳州沿海者九，龍鎭等處共一十三司，弓兵九百五十名，見在止有三百七十六名；在泉州沿海者，苧溪等處共一十七司，弓兵一千五百六十名，見在止有六百七十三名。㉗

以上所舉數人之言即是武備廢弛之具體情況。此一廢弛情況，乃當朱紈於二十六年（一五四七）擔任浙江巡撫，閱視海防後對世宗所作之報告。當時海防情形既如此，則官軍在討伐倭寇時之所以屢戰屢敗，自非偶然。朱紈擔任巡撫之際，雖曾採取革渡船、嚴保甲、搜捕奸民，及掃蕩倭寇淵藪等嚴厲措施而收到立竿見影之效，卻因手段嚴急，致招閩浙大姓之不安忌恨。結果，其權被削，終於失位，其嚴厲海禁遂寢而不行。朱紈失敗的原因，除上述者外，雖可能與其反對者之因出身不同而來的派系之傾軋有關，但他去職以後，其苦心孤詣所爲之海防措施卻被盡撤，不僅不復有人敢言海禁事，而且也曾經有數年之間不復設巡撫，致倭寇之肆虐日益嚴重。職是之故，明廷方纔於嘉靖三十一年七月，經廷議復設巡撫，由王忬擔任斯職。

王忬上任以後，鑒於國初建衛所四十有一，設戰船四百三十有九，董以總督備倭都司巡視海道副使等官，控制番夷，至爲周密。後以海波不驚，戒備漸弛，伍籍日虛，樓櫓朽敝。遇警輒借漁船應敵，號曰私哨，而官船廢。㉘而今

海波屢揚，邊備廢弛，登埤之士，十無一二。蓋逃亡者既過半，……實在守城，止餘數人而已。㉙

故乃根據浙江等處分守寧紹台道左參議李寵等會呈，先爲築砌城垣事，由巡按浙江林御史牌行各道，

即查沿海寧波府所屬慈谿、奉化、象山三縣，台州府所屬寧海、黃巖、太平三縣，原無城垣，即今應否築砌，而疏請作速議處。曰：

因各道會呈及台州府申議處築緣由，俱該臣批行布政司參酌事宜，幷合用錢糧陸續處辦外，今據前因，臣會同巡按浙江監察御史林，看得前項縣治切海患，城垣之設，本不容已。往時海防嚴密，列衛所以保內民，修水戰以捍陸地，以故邑城不設，居民安堵。邇來兵伍缺耗，戰備廢弛，沿海衛所，每遇賊至，類皆閉城自守，縱賊長驅，致貽地方之禍。㉚

在此情形之下，明朝當局雖曾一再遣兵調將加以征剿，然其效果不彰，賊勢益發蔓延，而勢已不可減。因此，又曰：

各邑經變之後，人情洶洶，俱無固志。況各賊得利而去，明春風汛，難保不來。所據築城，委爲急務。除溫州府樂清縣、寧波府象山縣，先該前巡按御史裴紳議請覆題，臣等不敢再瀆外，其餘縣分，既經司道議處停當，臣已遵照敕旨酌量緩急，權行太平、黃巖、寧海三縣培築土基，以圖保障。伏乞敕下工部，作速題請，行臣等動支錢糧，克期興工，則海寇庶絕窺伺，而地方獲保久安矣！㉛

而請求世宗能夠早日降敕給工部，使之能夠早日撥下築城所需之錢糧，俾便及早興工，以杜絕倭寇之窺伺。忬之所以希望世宗能夠早日降敕給工部，以便撥下築城所需之費，當與倭寇之猖獗已急如燃眉有密切關係。《實錄》雖未記載世宗之是否准其所請，然就當時倭寇日益猖獗之情形推之，修築此一重要防禦工事之獲明朝當局之首肯，殆無疑慮。

除上述六縣外，王忬也曾先後修築平湖、蕭山、餘姚諸縣城。其築平湖城的原因在於該縣治逼臨邊海，原無城池，近年倭寇猖獗，幸保無虞，將來隱憂潛釁，誠屬可慮。故乃據浙江布政司呈報本院批撥本司分守杭嘉湖道左參政潘恩，按察司分巡嘉湖道僉事姜廷頤等人會呈至嘉興府之報告而爲。忬於接獲此一報告後，即批行布政司府堪動銀兩議報，並依奉查將司庫貯秋糧餘米，海塘夫銀等照數給發湊補。㉜並且他又根據分守寧紹台道左參議許東望，巡視海道兼理邊儲副使李文進，分巡浙東道僉事凌雲翼等人所會呈：

蕭山一縣，東爲紹興之肘臂，西爲省城之屏輔，江海迴還，有隘可登。道塗平衍，無險可恃，委應築城保障。㉝

而疏請在蕭山築城以禦倭寇。而王忬之所以亦有意在此築城，乃鑒於前此黃巖、上海之遭倭蹂躪，皆因無城難禦。浙中各城，創築已多，唯蕭山縣枕江帶海，尚無城池，寇犯極易，良切憂危。故乃會同分巡海道，從長查議，如果事勢可虞，保障有待㉞。而上舉諸地之各需築城或築城垣事，經各道覆議停當，認爲相應築造以後，除俱批行布政司會同各該守巡道查將會用錢糧通行處辦外，復舉前因該臣會同巡按浙江御史趙炳然看得築城保衛大衆，乃國家設險之規，而海邑無城，實爲往日未備之制。㉟

因此他說：

臣自去冬（三十一年）巡歷浙江沿海各縣，每見城池未設之處，形勢孤危，夷寇窺伺，日切寒

> 心。已將議築各城緣由，如寧波之象山，溫州之樂清，台州之黃巖、寧海、太平，俱該臣題奉欽依，行委興工，而餘姚縣城倒塌，亦令修築，今已漸有次第，造成在邇。但平湖偏安浙西，蕭山密邇會省，奉化離海稍遠，人情因循玩忽，未肯通議築城。今歲賊勢愈張，漸窺縣治。仰賴天威，督兵驅剿，幸保無虞。然欲伐海寇窺窬之謀，建諸邑永奠之策，所據議築前城，委不可緩。㊱

而要求敕下工部趕緊題請行臣等動支錢糧，督同守巡等官刻限築完，而此一請求，亦當爲世宗所同意。除上述外，他也曾爲維護福州福清縣之安全而疏請建築城垣以固海防。㊲

禦倭上策，固爲禦之於海，使之不能上岸，然若不能禦之於海，則海岸之守爲緊關第二義。㊳因此，王忬爲鞏固海防，乃上疏謂：

> 臣惟春秋之義，每嚴於華夷之限，而祖宗之制，尤重於倭寇之防。國初於沿海要害處所設立衛所，分布兵船，武備振修，規制詳審，自非通貢之國，互市之地，夷人番舶，俱絕往來。以故海濱之民，安生樂業，亦賴無內奸以勾引之也。邇來漳、泉等處奸民，倚結世族，私造雙桅大船，廣帶違禁軍器，收買奇貨，誘博諸夷，日引月滋，倭舟聯集。而彭亨、佛郎機諸國相繼煽其兇威，入港則佯言貿易，登岸則殺擄男婦；驅逐則公行拒敵，出洋則劫掠商財；而我內地奸豪，偃然自以爲得計。㊴

並且舉出東南沿海奸民勾結倭寇劫掠泉州、寧波等處，而官軍絲毫不能抵禦之情形謂：

去歲倭船三十餘隻，統領倭賊數千，久泊泉州之白沙，所過一空，聲震城邑。寧波賊首，則身穿緋袍，直入定海操江亭，而官軍閉城求哀，不發一矢。即今各島諸夷，窺我淺深，愈見猖獗，非獨有損國體，而將來之禍，更有不可言者。㊵

因此，他認爲內奸若淸，外寇自杜。但人心懲刱之餘，事體倍難展布；奸屈盤踞之久，法制未易祛除。而反覆參酌結果，乃上陳：申明律以正刑求、定新例以嚴接濟、懲首惡以絕禍本、照邊例以便發軍、審機宜以調客兵、嚴會哨以靖海氛、選良吏以淸盜源、布寬令以收反側、議稅課以助軍餉㊶等，以維繫海防軍機。

王忬又鑒於浙江杭、嘉、寧、紹、台、溫六府邊臨大海，遙與日本國相對，而日本人利我中國之絲綿、綾緞、瓷器、焰硝等貨物，每於四五月風汛之時，乘駕大舟突至海濱，昔圖貿易，今肆劫擄。明初，沿岸建置衛所，連絡環遶，益以備倭把總，特設海道副使一員，往來各府整理防海兵糧，選用官僚。後來又設總督備倭都指揮一員，海賊生發，海道備倭即便出奇撲滅，不致滋蔓。㊷惟近來瀕海郡邑遍受驚劫，揆其所由，雖邊備廢弛，亦以海防遼闊，規制未密，所以遏東則西潰，防左則右衝，勢弱於力分，機誤於捄遠，倉卒遇警，策應不前。故乃請於浙西杭、嘉、湖三府添設兵備副使一員，督捕盜賊；添設參將一員，分守浙西杭、嘉二府地方，專在海鹽駐劄，往來赭山、海寧、平湖、嘉興等處。如遇有警，兵備副使、參將協同截捕，務靖地方，如此則浙西諸郡有屏障之固。㊸

在另一方面，杭、嘉、湖地區數十年來頗無他警，沿海衛所不習戈兵，雖節奉明文，多方訓練，然氣稟柔脆，鼓舞不前，一聞小警，莫不震驚。㊹近來倭寇大舉侵犯，遠近騷然，而杭、嘉、湖之兵無法拒遏。若不預爲調募，將來實爲可憂。因聞參將湯克寬之言，得知邳州之兵可用。而金山衛千戶張河，百戶張瑞，素積謀勇，曾立戰功，善撫士卒，能募精勇。故乃題請速調各官，給與銀兩，令其多方召募徐、邳精銳六七百名。如有武勇出衆，犯罪可用之人，使其立功贖罪。㊺更鑒於杭州前、右、寧、紹、台、溫、處腹裏七衛所領運臨山、定海、觀海、昌國、松門、海門、金鄉、盤石、海寧沿海九衛官軍，俱退還守城備倭，以致前等衛所官軍缺少，地方無備，遂與倭寇可乘之機，貽害地方，罪坐官軍。而今海賊侵犯乍浦、平湖、海鹽等處，殺傷軍民，劫擄財物，爲害尤甚。現在復因修造戰船，增兵防剿，各所官軍若仍前領運，實係出海乏人。故乃據其部下所報，疏請將那些士兵掣回本軍，以加強守備。㊻與之同時，對於精明幹練的官員，也疏請明朝當局請其暫留原來任所，支俸管事，或容將任內行過事蹟造冊送部稽查，待後功能益著，不次拔擢，以酬當事之勞。㊼至於因病無法任事，或器識昏庸，不堪在邊邑任職者，則疏請使其致仕，或改調其他職務。其所遺缺則就近查明應甲科官調補，或另推陞選用，庶幾海務、民情，俱爲便益。㊽

由上文可知，王忬上任以後，曾爲鞏固海防而費不少心力，冀能將倭寇所造成之災害減至最低限度。

三、征剿倭寇

王忬上任以後，曾於嘉靖三十二年（一五五三）奏海防賞格四事，以激勵剿倭將士之士氣。而前此二十六年前後在各地蠢動的倭寇，在此時又開始寇掠大陸東南沿海，於三十二年首至舟山群島之普陀山結砦，有時出擊官軍，犯溫州。忬乃命參將湯克寬等率舟師破之，俘十一人，斬獲二十八級，餘多溺死。忬乃以聞，並上克寬等人之功。詔賞忬白金三十兩，彩緞二表裏；克寬等各二十兩，一表裏，餘行巡按御史覈實給賞。㊿又有寇乘風破浪，率舟伺機衝浙江。連艦數百，蔽海而至。《明史》〈日本傳〉云：

> 三十二年三月，汪（王）直勾諸倭，大舉入寇，連艦數百，蔽海而至。浙東西，江南北，濱海數千里，同時告警。

王直，即汪五峰，直隸徽州歙縣民。初爲鹽商，有任俠氣。青年時代爲落魄遊民。嘉靖十九年頃，東南沿海所在通番，直爲所惑，遂與奸民結合下海。《玄覽堂叢書》續集云：

> 嘉靖十九年，時海禁尚弛，直與葉宗滿等之廣東，造巨艦，將帶硝黃、絲綿等違禁物抵日本、暹羅、西洋等國，往來互市者五六年，致富不貲。夷人大信服之，稱爲五峰船主。

《明世宗實錄》與嘉靖《寧波府志》均有相關記載，而夷人之稱他爲「五峰船主」，可能因其號汪五峰之故；而史乘之往往稱他爲汪直，亦可能由此而來。對於王直入寇事，《明世宗實錄》紀錄上舉〈日本傳〉所見來寇之事云：

海賊汪直，糾漳、廣群盜，勾集各梟（島）倭夷，大舉入寇。連艦百餘艘，蔽海而致（至）。南自台、寧、嘉、湖，以及蘇、松，至於淮北，濱海數千里，同時告警。

光緒《川沙廳志》，卷六，〈兵防·兵事〉；嘉慶《松江府志》，卷三五，〈武備志·兵事〉等的記載，則「賊寇青村所焦墩，遂掠下沙，百戶王河率隊長陳九等戰，死。」鄭若曾《籌海圖編》，卷六，〈直隸倭變紀〉則以爲此係「閏三月，賊首王直犯嘉定」，曰：

賊自烈港之敗，以百餘人自白馬廟而來，收集餘黨，流突蘇、松，掠嘉定之竇山。鎮撫陳憲疑爲鹽盜，率輕兵追之。後知爲直，不敢襲。

然王直之敗於瀝港之時間在四月，故上舉史料，該是將利用王直之聲威者誤作如是之記載。㊾〈直隸倭變紀〉又以爲此賊在月半「破南匯所」，言：「自望日而後七日，賊破城者再。」且以「同知任環，守備解明道，敗賊吳淞江口。」乃言：

賊至劉家河，揚帆而西。明道與六合知縣董邦政，率兵迎擊之，追及於淞江口。値綵絢港復有新倭至者，與之合踪，勢益猖獗，官兵莫敢進。都御史蔡公克廉，遣同知任環助之，賊遂敗走，俘斬百餘。

鄭若曾《江南經略》〈嘉定縣〉項則言：

前歲入倭船之日，……稍縱之，得志而去，至是乃復來。金山備倭都指揮王世科，蘇州府同知任環，合兵剿賊。……命吳淞所百戶張治率甲士五十人爲前鋒。……與賊遇於寶山之麓。劇戰，……殺賊十有三人。治……被刺而死。……相持數日，賊夜半從海岸遁去。

此固相當於前引〈浙江倭變紀〉的最後一則，但同治《上海縣志》，卷一一，〈兵防·附歷代兵事〉條卻記：「閏三月，賊首蕭顯、鄧文俊，分掠沿海而出，百戶張治戰死。」而以此爲蕭顯一夥之所爲。而〈直隸倭變紀〉言劉家河賊與綵綯港新賊合踪，故前舉以爲係王直之〈日本傳〉及《明世宗實錄》的記載，乃蕭顯與鄧文俊遺黨之誤。㊽故徐學聚《嘉靖東南平倭通錄》，嘉靖三十二年三月條所謂：

倭魁王直等，結砦海中普陀諸山，顧時出近洋襲我軍。忬偵知之，乃遣參將俞大猷，帥銳兵先發。而湯克寬以巨艘繼之。徑趨倭砦，縱火焚其廬舍。賊倉皇覓餘艎走。我兵隨擊，大破之，斬首五十餘級，生擒百四十三人，焚溺死者無算。忽颶風發，兵亂，渠魁王直率衆乘間逸去。都指揮尹鳳，復以閩兵遊擊於表頭、北茭諸洋，斬首百餘級，生俘一百餘人。

當亦爲蕭顯一夥之誤。惟上述俞大猷破賊巢事，《籌海圖編》，卷一〇，〈遇難徇節考〉記於同年閏三月，謂：「官兵與賊戰於烈港，軍人葉七死之」云：

七，定海衛軍。賊王直負金城烈港穴爲寇，大將俞大猷提舟師直入其港討擊。火砲大發，勝負未決。而我舟忽掛賊纜，櫓楫不能拖。賊衆方逞，七徑取斧投水砍其纜。未及斷，賊以鎗中其項。七呼曰：「吾必斷其纜」，竟連揮數斧，纜斷而死，俞舟遂免。后四日，俞大破賊，空其穴。俞之舟入也，有二卒后期當刑，因請間燒賊，碾以贖死。俞許之。二卒從外海緣山越險幾百里，晝伏夜行，潛抵賊砦。時夜近四鼓，而賊方碾藥。少頃，困劇而臥，二卒即其處爇火。火藥橫發，群砦俱焰灼。賊方酣睡，駭而突走，墮水死者踵繼。俞乘焰進舟師崩之，遂成奪巢之功。

由此可知，王忬所獲的此一戰果，其所擊敗之倭寇並非王直部下，乃是蕭顯之一夥。如據王忬的疏報，則他在此次剿倭之役中所得的戰果，除上述者外，尚鹵獲倭箭、倭草鞋、倭盔、倭刀、倭弓箭、皮手套、火藥、弓箭、佛郎機砲、刀、鐵杁、藤牌等物。㊿世宗對此戰功，曾賜予白金、文綺等以犒賞忬及其麾下之官兵。55而王忬對本年三月間剿倭之情形，在其《御史大夫思質王公奏議》，卷五，〈查地方功罪人員疏〉中有詳細的叙述。

四月二日，一海船長八九丈餘，泊海鹽演武場北新塘觜，賊約六十餘，皆髡頭倭人，有鎗刀弓矢而無火器。當時備倭把總指揮王應麟，率衛所驍兵數百而出。賊見官兵不敢動。應麟遣指揮王彥忠率兵百餘，至船詢問爲甚麼來。他們乃說爲風飄至，願得糧食，修其舵即還。時承平日久，邑人相攜往觀，嘻然莫爲虞。日甫西下，彥忠率衆逼船。倭盡起立，以燕尾利鏃射數人，皆立刻死。諸圍觀者始知懼，奔入城，遂塞門而作拒守之計矣！56

四日，賊自太倉、上海來攻海鹽縣城，三日始解去，城外民居悉爲煨燼。57此賊於六日至海寧衛。該衛把總馬呈圖督官兵禦之，不勝，遂與指揮宋煉，百戶王相、姜楫、呂鳳、姚岑等皆歿於行陣。既而把總王應麟率兵追逐，戰於海口巡司，大勝。惟賊以伏兵衝官軍，官軍遂潰，千戶王繼隆，

百戶楊臣、康綾亦陣亡。㊽

有關倭寇海鹽事，《籌海圖編》，卷一〇，〈遇難徇節考〉則記：「賊犯海鹽孟家堰，千戶宋應瀾死之」云：

應瀾，字汝觀，寧波衛百户。登庚戌（一五五〇）武榜，授正千户，掌印事，執法不撓，因而每得下考。軍門王公忬獨奇之，命取兵船於閩，應期而至。忬益委以兵。客兵獷悍難馭。應瀾每約己裕犒而厲以軍法，無不聽命。癸丑，隸參將盧鏜爲先鋒，戰上海史家濱，追賊至三十里亭。復從戰平湖，戰白沙灣，戰金山，皆有功。其在史家濱兵，北賊追，幾及。應瀾急反弓二矢而中項，洞頷，親兵飛鎗復殺四人，因復回兵破賊，應瀾用是臨陣必以身先士卒，竟以疲兵猝當海鹽孟家堰賊，不支而死。死時猶飛刀殺一賊乃絕。

亦即應瀾獲王忬之重用而參與剿倭行列，結果因南北征戰，過於疲勞，體力不支，終爲賊所害。

六日，盧鏜於白沙灣敵斬倭賊首級三十餘顆，統領水兵指揮劉隆奪獲賊船三雙，餘賊逕往金山。如據王忬疏報：

本日又有倭賊大船二隻，約賊五百餘人，停泊海鹽縣東門外龍王塘張家灣燒劫。初七日申時，直入石塘灣，離府二里，逼近關廂。該官兵奮勇對敵，斬獲首級二十顆，生擒一名。賊勢大敗，乘夜復逃海鹽，埋伏麥地。盧鏜因聞府警，統兵前來策應。猝遇前賊突起，衝敵，緣官兵連日追剿，困乏，又以戰地不暇擇取，致被損傷頗多。㊾

九日，賊犯平湖，官兵追之，連戰皆敗，蔡指揮等戰歿。王忬乃命湯克寬往剿，及於鱉子門，大破之，俘斬二百六十餘人。⑥⓪

由於倭寇猖獗，四處劫掠，故忬乃上疏曰：

臣自去夏（三十一年）以來，歷剿諸寇，海洋稍寧。併力乘時增修諸備，故寧、紹、台、溫地方，賊尚未犯。而松江之援，平湖之救，相繼告捷，賊稍知懼。不意中國叛民糾引各倭，傾國入寇。旬日之內，驟犯松江，遂及嘉興。一登海岸，自焚其舟，深入腹裏地方，攻圍郡邑。前寇盤據不散，而後來夥黨接踵。我兵克捷雖有，而中間挫損亦多。且賊狡獪絕倫，勇悍無敵，逆狀奸謀，較之去歲之寇止於沿海剽掠者甚有不同。⑥①

只因有中國奸民勾倭、引倭，故使官軍南征北討，窮於應付，而且未必都有勝算。

十三日，犯太倉州，攻城不克，乃分衆四掠，燒燬關廂廬舍。《明世宗實錄》云：

是時有失舟倭四十人，突至浙江乍浦，往來平湖、海鹽、海寧之境，縱橫肆掠，焚戮慘虐。官兵前後遇之，皆敗。凡殺把總一，指揮四，千户一，百户六，縣丞一，所傷官兵無慮數百人。凡十有六日，竟徜徉奪舟而去。⑥②

鄭若曾則云：

四月，賊圍太倉州。時賊勢甚急，直逼太倉城下。蔡公躬乘城督戰，賊乃去，而城外居民，焚掠幾盡。⑥③

由此觀之，此一時期的倭寇的確已囂張到極點，而官兵之脆弱也令人歎息。犧牲十餘位職官與數百官兵而不僅無法消滅他們，還讓其逸去。

本月，倭寇攻破昌國衛，屯據凡五日，俞大猷以舟師攻退。有蕭顯者尤桀狡，率勁倭四百餘人，攻吳淞所、南匯所，俱破之，屠戮甚慘。然後分兵掠江陰，圍嘉定、太倉，已而王忬遣盧鏜倍道掩擊，斬蕭顯，餘衆復奔入浙。㊿倭寇之另一支則破臨山衛，乘勝西犯松陽。知羅拱辰督處州兵抵禦，將其擊退。俞大猷以舟師邀擊，斬首六十九級。《明世宗實錄》曰：

江北倭掠海舟，殺二百餘人。浙江倭五百餘，攻破臨山衛，乘勝西犯松陽。知縣羅拱辰督處州兵禦卻之，賊浮海走。參將俞大猷以舟師邀擊，斬首六十九級。㉟

倭攻臨山衛之事，《浙江倭變紀》將其繫於二十四日，並謂大猷與都指揮劉恩至俘斬三百餘人，而與俘擄六十九人之記事有出入。四日後則攻破福寧州嵛嶼所，大掠而去。㊱結果，失事諸臣如：總督備倭都指揮戴沖霄停俸，海道僉事徐老啓、汪泊（珀）各停俸一個月；指揮張璽，百戶陳鉞等付按臣逮問。㊲又有倭船二隻揚篷往衛海洋，勢欲登岸。海道副使李文進督觀海衛指揮僉事張四維、武榮等坐駕兵船，追至九山洋積穀山，賊迫接戰，官兵奮勇前進，斬獲倭賊首級一十六顆。而王忬對此役有特殊表現之浙江都司署都指揮僉事劉恩至，及張四維等人均疏請重加旌賞。㊳

由於倭寇不斷侵掠，沿海居民損失慘重，而官軍又窮於應付，故王忬乃據巡視海道副使李文進，參將俞大猷、盧鏜，都指揮周應禎等人之要求而疏請調發狼兵以協助防禦云：

倭寇大夥而來，分侵內地四次，雖有斬獲，但顧此則失乎彼，攻東則竄之西。即今夥黨尚多，而蘇、松等府節報新到倭賊數千，倭船近百。嘉興地里接連，而況嘉善縣治無城，海鹽、澉（浦）、乍（浦）濱海，平湖城雖新造，城內居民不多。省會關廂廣闊，萬一賊人流突垂涎，旦夕可至，誠有所當憂者。合無廣召慣戰精兵，或奏調土官、狼兵五千名前來，分布杭、嘉要地等因，各另具呈到。臣據此爲照東南柔脆之民素不習戰，間有壯勇，十不能當強倭之一。自臣受任以來，收養四方精銳，分布兩浙地方，委官訓練，漸有成效。⑲

因此，自三十一年秋季及三十二年春季，隨方禦賊，斬獲頗多。

不意風汛之月，倭寇數千分劫嘉境，我以屢戰之疲兵當方張之強寇；以一枝之孤旅，援數道之攻圍；而將官急於策應，不能審機持重，臣又昧於調度，不能遙決周防，以致東西挫損，兵將失亡。⑳

結果，使其倉皇失措，晝夜憂慮惶恐。即今福建、彭湖之寇雖幸解散，溫、台、寧、紹地方雖幸稍獲安寧，但海寧、石墩之巨寇結巢肆意劫掠，逼近杭城，而直隸、蘇松之流賊於鄰剝膚，勢必併合。萬一賊勢合併，則其後果不堪設想。因此又云：

萬一奸謀預定，則諸郡關廂並無城縣治，斷非目前兵力所能保守。臣雖甘失事之罰，亦難救東南之禍。況臣家在太倉，室廬盡毀賊手，人口俱已流離，財賦重地悉爲盜區。海濱從亂之民，日引月長。若非遠調狼兵萬人戍守兩浙、直隸，臣恐其禍不知所終矣！……伏乞敕下兵部作速

> 擬議，題請星夜差官前往廣西，責成彼中撫按衙門，選調那地、南丹、東蘭三處十分驍捷弩手狼兵五六千名，給以安家路費銀兩，責令官員、頭目管領刻限赴浙，聽臣分發。各郡相兼土兵截殺，庶使倭賊懲創，叛逆遁逃，少紓皇上南顧之憂矣！(71)

有關調兵問題，巡撫應天都御史彭黯，巡按御史陶承學等亦曾謂：

> 倭勢日熾，非江南脆弱之兵，承平紈袴之將所可辦者，請得以便宜調山東、福建等處勁兵，及敕巡視浙江都御史王忬督發兵船，犄角攻勦。(72)

惟兵部認爲山東陸兵不嫻水門，福建海滄、月港亦在戒嚴，不能分兵外援，所以應令彭黯就近調處州坑兵一二千名，仍隨宜募所屬濱海郡縣義勇鄉夫分布防禦，並請命王忬互相應援。其應用兵船、糧餉、器械、火藥，則許徵發在所支用，(73)所以明廷並未按照王忬之請求徵調狼兵以供其調用。

五月四日，倭圍參將湯克寬，參政潘恩，僉事姜廷頤於海鹽，攻城不克，縱火焚城樓及民屋數百間而去。(74)四日後，入上海縣，燒劫縣市。知縣喻顯科逃匿，指揮武尙文及縣丞宋鰲俱戰死。賊屯縣中七日，縱火焚官民廨宇廬舍略盡。(75)十七日，攻陷乍浦所。知縣羅拱辰督兵來援。賊引去，流到奉化、寧化等地。參將湯克寬追圍於獨山，民家以火燒之，賊大半被燒死，餘衆奪路奔逃於海上。(76)

七月四日，王忬疏報倭自閏三月中登岸，至六月中始旋，留內地凡三月，若太倉、海鹽、嘉定諸州縣；金山、青山、錢倉諸衛所皆被焚掠，上海縣、昌國衛、南匯、吳淞江、乍浦、嵊嶼諸所爲賊所攻陷，崇明、華亭、青浦、象山、嘉興、平湖、海鹽、臨海、黃巖、慈谿、山陰、會稽、餘姚等縣鄉鎮焚蕩略盡之情形，及在此一期間勦倭有功人員作一綜合報告，以爲向來江南繁盛安樂之區騷然多故矣！(77)因此，兵科給事中王國禎對近來海氛不靖，城池失陷不少，而官民屠戮之慘，與夫兵將脆弱之實，國賦虧損之虞，祖宗根本之地，驚惶震撼之情，深以爲憂。故乃舉明委任、重事權、獎才傑等三事以爲籌國計者所採擇。經吏、兵二部議覆，得旨，乃對王忬加巡撫銜爲提督軍務兼巡撫浙江並福、興、泉、漳地方，應天、鳳陽、山東、遼東巡撫都御史，以本職兼理海防，各別給敕書行事。松陽知縣羅拱辰，六和知縣董邦政，添註浙江按察司僉事，其餘俱如國禎之所擬。(78)而南直隸巡撫都御史彭黯，巡按御史孫愼，給事中王國禎，南京給事中張承憲，南京御史趙宸、守賢等人則各上禦倭方略，經兵部議覆後，多爲世宗所採行。(79)

九月二十六日，倭賊百餘，由華亭崇缺登岸，流劫戚水（木）涇、金山衛等處。自六月中大舉倭東遯，江南稍寧。惟崇明、南沙泊失風倭近三百人，因舟壞不能離去。總兵湯克寬，僉事任環，列兵防守，日久未克，至此倭警又作，遠近震恐。(80)十月六日，湯克寬督邳、漳等兵擊南沙倭失敗，亡卒四百餘人。(81)因此，克寬被革職，戴罪立功，以通泰參將解明道代克寬職。(82)次日，王忬謂官兵追逐倭夷，焚毀五十餘艘船，擒斬七百餘人。(83)此後復有自崇缺移泊寶山之倭，及突犯上海、太倉等處之倭，分別爲湯克寬及知縣王鐵等所擊敗。(84)二十九日，復有倭舟失風，飄至興化府南日舊寨，登岸流劫，殺千戶葉巨卿。總指揮張棟督舟師衝擊，倭走據山。知府董士弘糾民兵、獵戶，與棟等將其圍攻殲滅。(85)

然在此一時期，因海洋並岸諸島多棲寇舟，有眞倭爲風汛所阻無法東歸者，有沿海姦民搶江南，旋候本年倭至者，[86]故王忬雖命將遣師予以征剿，不但無法消滅，反有寇賊愈多之勢，故當時的倭患已非他所能控制、消弭。王忬既無法敉平倭亂，明廷乃於三十三年六月，使其巡撫大同，由右僉都御史李天寵繼其職，繼續從事剿倭工作。

四、寇亂難制的原因

明代倭患，在嘉靖三十一年（壬午）以前雖不時有劫掠之事實，然其攻城掠邑，深入內地，或沿海奸民之公開導倭、誘倭入犯者尚不多。惟在此以後，不僅有海商轉爲寇盜，驅使倭人與倭寇沆瀣一氣，而中國海商與沿海居民之相率從委，爲之導引，爲之羽翼，更使倭寇之組成分子發生根本變化。當時海商之被目爲倭寇者有林剪、許氏兄弟、李光頭、陳思盼、王直、葉宗滿、徐惟學、徐海、陳東、麻葉、朱獠、蕭顯、林碧川等而迄今仍可數者不下六七十起。這些海商之參與劫掠勾當，遂使原只由日本海盜剽掠中國東南沿海的情形發生根本變化。鄭舜功云：

> 倭寇始自福建鄧獠，初以罪囚按察司獄，於嘉靖丙戌（五年，一五二六）越殺布政查，約流逋入海，誘引番夷往來浙海，繫泊雙嶼等港，私通罔利。至庚子歲（十九年），繼之許一（松）、許二（楠）、許三（棟）、許四（梓）等，潛從大宜、滿剌加等國，誘引佛郎機國夷人絡繹浙海，亦泊於雙嶼、大茅等港以要大利，東南釁門始開矣！嘉靖癸卯（二十二年），賊首鄧獠寇

> 掠閩海地方。浙海寇發，蓋以許一、許二兄弟等爲誅首。㊇

爲此，當時海道副使張一厚，曾統兵討捕而遭敗績，故許一、許二等遂以番船竟泊雙嶼。越明年，許一夥伴王直等往市日本，始誘博多津倭助才門三人來市雙嶼港，直浙倭患遂生。二十五年，許四往市日本不利，竟與賊首沈門、林剪、許獠等衆劫掠閩浙海隅，許二以兄弟許一、許三喪亡，許四不歸，隨與賊首朱獠、蘇獠、李光頭等脅同外夷，劫掠閩浙海隅民居。㊈鄭舜功又云：

> 丁未（二十六年），賊首林剪等誘引彭亨賊衆來，與賊首許二、許四合爲一踪，肆掠閩浙地方，而謝文正公遷第宅遭其一空。備倭把總指揮白濬，千户周聚，巡檢楊英，出哨昌國海上，卻被許二、朱獠擄去，指揮吳璋乃以總旗王雷齎千二百金往贖之。賊得此利，故每擄邊富民以索重贖，地方多事。㊉

職此之故，巡按浙江監察御史楊九澤乃將此事聞於朝，明廷遂以朱紈爲浙江巡撫，負責從事征剿倭寇之工作。惟因紈之手段嚴急，遂引起閩、浙等地私通外夷者之不安忌恨，而出身福建之巡按御史周亮，給事中葉鏜等人乃上疏將其改爲巡視，以削弱其權限。但紈並不因此氣餒而掃蕩雙嶼、月港等倭寇淵藪，致遭反對者之搆陷而失位。復因其羅織莫須有之罪名，竟至自殺身亡。

朱紈死後，罷巡視大臣不復設，撤備弛禁，舶主豪右，唾手四起。《明史》，卷三二二，〈日本傳〉云：

> 祖制，浙江設市舶提舉司，以中官爲之，駐寧波。海舶至則平其直，制馭之權在上。及世宗，

> 盡撤天下鎭守中官，並撤市舶，而濱海奸人遂操其利。初，市猶商主之，及嚴通番之禁，遂移之貴官家，負其直者愈甚。索之急，則以危言嚇之，或又以好言紿之，謂我終不負若直。倭喪其貲，不得返，已大恨。而大奸若汪（王）直、徐海、陳東、麻葉輩，素窟其中，以內地不得逞，遂逸海島爲主謀。倭聽指揮，誘之入寇。海中巨盜，遂襲倭服飾、旂號，並分艘掠內地，無不大利，故倭患日劇。

亦即在朱紈死後撤備弛禁的結果，遂導致倭寇之猖獗，而其猖獗的原因之一，即是貴官家參與走私勾當，屢欠那些商人之貨款所致。對於此一情形，徐學聚《嘉靖東南平倭通錄》卷首亦云：

> 初，朱紈既卒，罷巡撫不復設；又以御史宿應參之請復寬海禁，而舶主、土豪，益連結倭貫，爲奸日甚。官司以目視，莫敢誰何。

這段文字雖在說明朱紈死後倭寇猖獗的原因，及宿應參之請寬海禁事，不過當時宿應參等人的疏請放寬海禁，明廷並未採納其意見。故倭寇猖獗的原因，固與當事者之採取與朱紈完全相反的政策，「罷巡視大臣不復設，中外搖手，不敢言海禁事」[90]有關，但貴官家，富室與倭寇狼狽爲奸，才是使沿海的治安工作更加困難，[91]引發嘉靖三十年代一大動亂的主要因素。徐學聚在其上舉書中又云：

> 凡番貨至，輒賖與奸商。久之，奸商欺冒，不肯償。番人泊近島，遣人坐索，不得。番人乏食，出沒海上爲盜。久之，百餘艘盤據海洋，日掠我海隅不肯去。小民好亂者，相率入海從倭。兇徒、逸囚、罷吏、黠僧，及衣冠失職書生，不得志群，不逞者，皆爲倭奸細，爲之鄉

導。

谷應泰《明史紀事本末》，卷五五，〈沿海倭亂〉，嘉靖二十五年條亦云：

> 自罷市舶後，凡番貨至，輒主商家。商率爲奸，利負其直，多者萬金，少不下數千。索急，則避去。已而主貴官家，而貴官家之負甚於商。番人近島坐索其負，久之不得。乏食，乃出沒海上爲盜。輒搆難，有所殺傷。貴官家患之，欲其急去。乃出危言憾當事者，謂番人泊近島，殺掠人，而不出一兵驅之，備倭當如是耶？當事者果出師，而陰洩之，以爲得利。他日貨至，且復然。如是者久之，倭大恨，言：「挾國王貲而來，不得直，曷歸報？必償取爾金寶以歸」，因盤據島中不去。並海民生計困迫者糾引之，失職衣冠士，及不得志生儒，亦皆與通，爲之鄉導，時時寇掠沿海諸郡縣。

職此之故，以海爲家之徒，安居城郭，既無剝床之災，棹出海洋，且有同舟之濟；致三尺童子，亦視海賊如衣食父母，視軍門如世代寇讎，[92]由此可說明發生大動亂的由來。

由於當時東南沿海地方，人趨重利，接濟之人，所在皆有，而以漳、泉兩地居民爲多，所以閩縣知縣仇俊卿曾謂：

> 沿海地方，人趨重利，接濟之人，在處皆有，但漳、泉爲甚。餘多小民勾誘番徒，窩匿異貨，其事易露，而法亦可加。漳、泉多倚著姓、官族主之。方其番船之泊近郊也，張掛旗號，人亦不可誰何。其異貨之行於他境也，甚至有藉其關文，明貼封條，役官夫以送出境至京者。及其

海船回番，而劫掠於遠近地方，則又佯爲之辭曰：「此非此夥也，乃彼一䑸也」，詭言以惑人聽。(93)

又云：

比及上司比責水寨、巡司等，間有一二官軍捕獲寇盜，人、船解送到官，彼爲巨盜大駔屯住外洋者，反役智用倖，致使著姓、宦族之人又出官明認之曰：是某月日某使家人某姓某處糴稻也，或買杉也，或治裝買疋帛也。家人有銀若干在身，捕者利之。今雖送官報贓，尚有不盡，法合追給。或者有司懼禍，而誤行追懲，但據贓證與所言之相對，不料所言與原情實不同，其官軍之斃於獄而破其家者，不知其幾也。彼巧於讒而計行，此屈於威而難辨，奈之何哉！以致出海官軍不敢捕獲，不若得貨縱賊無後患也。(94)

在此一時期的東南沿海的勢豪之家的勾結倭寇，或引誘倭寇干犯中國禁令事，從朱紈所上奏疏中亦可獲得佐證。紈云：

同安縣養親進士許福先，被海賊虜去一妹，因與聯婣往來，家遂大富。又如考察閒住僉事林希元，負才放誕，見事風生。……專造違式大船，假以渡船爲名，專運賊贓並違禁貨物。夫所謂鄉官者，一鄉之望也，乃今肆志狼籍如此，目中亦豈知有官府耶？(95)

此言與前舉《明史》〈日本傳〉所紀錄之情形相同，那些與倭寇勾結，干犯海禁者竟是官宦出身。由於有不肖官員參與其間，故一般小民群起效尤，致寇亂益發難於敉平，而倭氛之日益劇烈，自屬必然。都督萬表則云：

> 向來海上漁船出近洋打魚、樵柴，無敢過海通番，近因海禁漸弛，勾引番船，紛然往來海上，各認所主，承攬貨物裝載，或五十艘，或百餘艘，或群各黨，分泊各港，又各用三（舢）板、草撇腳船，不可勝計，在於沿海兼行劫掠，亂斯生矣！[96]

並且：

> 又有一種奸徒，見本處禁嚴，勾引外省，在福建者則於廣東之高、潮等處造船，浙江之寧、紹、處置貨，糾黨入番；在浙江、廣東者，則于福建之漳、泉等處造船、置貨，糾黨入番，此三省之通弊也。[97]

因此，當時倭賊之入寇，多因奸民爲之勾引，蓋逋逃不歸，則禍本未拔，東南無息肩之期。而倭奴之敢肆流劫，皆緣我內逆爲之嚮導。倭奴非內逆無以逞狼貪之志，內逆非倭奴無以遂鼠竊之謀。因此，必須禁、捕內逆，方可消除外寇，[98]而除之之道，唯有嚴格執行海禁而已。

此一時期的海氛日劇的原因，除上述者外，政治腐敗亦爲其重要因素之一，嘉靖三十四年（一五五五）九月當時的戶科給事中楊允繩即針對此一問題曰：

> 近來督撫之令不能行於官司，責之練鄉兵則不集，命之團保甲則不嚴，委之以饋餉則不給，委之以哨探則不明，日愒（惕）月玩，彼此是（抱經樓本作是此）非。上官隱忍而養容。下官驕侈而日大。所以然者，豈以督撫之官不尊，權不重耶？亦有由矣！蓋近來督撫之臣，蒞任謝恩

必有常例，銀兩饋送在京權要，大者數百，小者數十，名曰謝禮。至於任內有所題請，開送揭帖，則又伴以儀物，名曰候禮。又其歷任額（頗）深營求美櫂（擢），或遇地方有事，希求脫任，或以有罪而求彌縫，或以失事而求覆蔽，如此饋送，數遂不貲。⑲

那些職官既然處處需要饋送，則其用以饋送之銀兩的來源如何？揚允繩又云：

大率此等銀兩，在省諸取（取諸）各布政司，直隸取之府州縣司，府州縣既爲（之）巧取承迎不無德色，督撫諸臣自知非法接受，亦有靦顏。既人（入）牢籠，寔難展布。使在平時猶不能振揚風紀，建立事功，而況莅軍行法之時哉！則其玩愒陵夷，蔑法該（誤）事，亦奚怪也。且官司所以賂婿（媚）督撫，又皆取具於民。近來督撫之交代頻煩（繁），則官司之需索亦從而加苛，其不肖者，又因之彰射乾沒。其間指一科十，〔椎〕膚剝髓，即今江南四野爲墟，赤地千里，區區孑遺待盡之民，尚猶日苦掊剋侵剝之患，臣民恐（恐民）窮盜起，莫知終極，異日國家隱優（憂），蓋不止於海島之間已也。朝廷張官置吏，本以禦寇安民，今及（反）以殃民致寇，此臣所以痛心疾目（首），不能已於言也。⑳

當時官場之弊端除饋送外，侵盜公款之風亦不容忽視。談遷曾言及嘉靖三十年代發生之事云：

給事中羅嘉賓，御史龐尚鵬核浙直軍費，其文牘灼然可考：督察尚書趙文華侵盜十萬四千金，總督周琉二萬七千金，胡宗憲三萬三千金。前巡撫阮鶚五萬八千金，操江都御史史褭善萬一千金，應天巡撫趙忻四千七百金。至於操江高捷，則明移餽文華江防銀二千金。㉑

此固言總督、巡撫、操江御史等大官侵盜公款之情形，然自東南兵興以來，且無論督撫大吏乘機科罰侵剋何可勝計，以是因亂生亂，民益不聊生矣！⑩趙文華不僅侵盜公款，收受賄賂，尤其在其視師江南之際，是非不分，顚倒功罪，賞罰互異，私怨傾軋，遂陷在王江涇之役有功的總督張經、巡撫李天寵等人於死地，天下莫不冤之。⑩

當時寇亂之難於敉平，武備之廢弛亦當爲其重要因素之一，因此，張時徹曾謂：

> 聖祖開基，剏立大小神機，新江口、浦子口等伍營，蓋以根本重地，干係匪輕。強幹（榦）弱枝，控節爲要，故設重兵以爲捍衛。後因承平日久，消耗日甚。近者倭寇滋蔓，侵迫畿輔，分兵把截。在水路則設於京口龍潭、觀音港等處地方，在陸路則設於句容、白土、秣陵等處地方，多者一千，少者五百，而各營之兵，所餘已無幾矣！⑩

張時徹所言者雖只是當時海防廢弛的情況，卻可從而推知其他地區的設防情形。有關海防的問題，前文已論及，在此不再贅言。

至於軍紀敗壞問題，亦當與征剿倭寇難於順遂有密切的關係。就當時軍紀而言，光祿寺卿章煥謂：

> 古者兵將相習，教戒素明，乃可赴敵。今軍門督府，分閫列旌，下至文武庶僚，紛然衆建。然皆空名，有將無兵也。將佐雜居，諸軍烏合。⑩

將佐既然雜居，諸軍成爲烏合之衆，則其軍心必如一盤散沙而不能團結，則兵將之相視必如路人。如此軍隊，其指揮官必難於發號施令，無法約束部下。如此一來，禁防必然疏闊，必然形成外爲寇賊巢穴，內爲逋逃淵藪。戚繼光亦云：

> 名將所先，旗鼓而已。近見東南人不知兵，旗無法制，率如兒戲。……方色混雜，不可辨認。而臨陣分合，更與旗無干。聽兵用手逼口爲哨聲，卻以旌旗爲擺隊之具，金鼓爲飲宴之文。至有大將名胄，而亦烏合縱橫，一聽兵士紛沓。一隊數色，一陣數令，以勝負付之自然，以進退付之無可奈何。(106)

當時軍紀敗壞的因素衆多，例如：自正德以降，軍職冒濫，武臣爲世所輕。爲將帥者內有部科相壓，外有監軍相制。五軍府如贅疣，弁帥如走卒。總兵官領敕兵部，率長跪受命，間有長揖，即爲失禮被劾。(107)而賄賂公行，侵盜公款(108)等益發助長軍中紀律之不肅。職此之故，當時寇亂之所以難制，良有以也。

五、結語

當王忬奉命負責剿倭工作時，不僅倭寇已相當難制，而且賊首蕭顯等復糾合島倭及福建漳、泉之群盜，連艦百餘，蔽海而至，致沿海數千里同時告警。昌國衛既爲賊所陷，(109)上海、南匯、吳淞、乍浦、嵊嶼諸所亦被其攻破，而蘇、松、寧、紹諸衛所州縣之遭焚掠者也多達二十餘。賊留內地凡三月，掠足後揚長而去。(110)迄至三十三年正月，賊自太倉掠蘇州，攻松江，復趨江北，薄通州、泰州。

四月，陷嘉善，破崇明，復薄蘇州，入崇德縣。六月，由吳淞江掠嘉興，還屯柘林。縱橫來往，如入無人之境。[111]當時歙人王直以日本五島（長崎縣）爲根據地，煽動諸倭入寇，而徐海、陳東、麻葉之輩復以柘林、乍浦、川沙窪等地爲其巢穴，日擾郡邑。[112]在此情形之下，王忬亦不能有所爲，故明廷乃以倭寇猖獗而設總督大臣，命南京兵部尙書張經不解部務，總督江南、江北、浙江、山東、福建、湖廣諸軍，便宜行事。王忬改撫大同，由右僉都御史李天寵代忬巡撫浙江。[113]同年十月，因兵科之言，改經爲右都御史兼兵部右侍郎，專辦討賊。經擔任總督以後，乃向四方徵兵，選將練兵，爲搗巢之計。惟當工部侍郎趙文華至江南視察軍情，經自以位居文華之上而心輕之，致文華不悅。復因進兵之時機問題，彼此之間的意見發生齟齬，文華遂劾經糜餉殃民，畏賊失機，欲俟倭飽颺，剿餘寇報功。結果，世宗竟下詔逮經，而李天寵亦受連累，兩人俱於同年十月被斬，天下冤之。[114]經、天寵失位以後，由周珫、胡宗憲代其職位，踰月而珫被罷，代以楊宜。然在當時，賊勢蔓延，江浙無不被蹂躪，而新來的倭益衆，益肆毒。故於三十六年正月，命胡宗憲以兵部右侍郎代楊宜。[115]

胡宗憲負責剿倭期間，曾爲釜底抽薪之計，在梁莊（浙江省）消滅渠魁徐海、陳東、麻葉，且又遣蔣洲、陳可願等人前往日本誘引王直回國，將其捕殺。[116]王直被捕後兩浙倭寇雖漸平，但直之餘黨卻揚帆南去，泊泉州之浯嶼，肆虐閩、廣等處，不僅攻破州、縣城，竟連興化府城池也告淪陷，且被佔據數月而遠近震動。經亟徵俞太猷、戚繼光、劉顯諸將合擊，方纔退去。至於侵犯其他州縣之倭，亦爲諸將所破，而福建亦平。廣東方面則有曾一本、黃朝太等巨寇而無不引倭爲助，故至穆宗隆慶年間（一五六七～一六七二）仍有零星寇掠之事實，而東南沿海倭寇之平息，則要等到神宗萬曆十六年（一五八八）梁本豪被消滅以後。⑪⑺

〔註釋〕

①：《明世宗實錄》（臺北，中央研究院史語所影印本），卷三二四，嘉靖二十六年六月庚辰朔癸卯條。朱紈，《甓餘雜集》（明萬曆間刊本），卷一，嘉靖二十六年九月初一日，〈世宗敕〉。《明史》（臺北，鼎文書局標點本），卷二〇五，〈朱紈傳〉；卷三二二，〈日本傳〉。

②：《明史》〈日本傳〉。

③：朱紈，《甓餘雜集》，嘉靖二十六年十二月二十六日，〈閱視海防事疏〉。此〈疏〉並見於《明經世文編》（北京，中華書局），卷二〇五，《朱中丞甓餘集》，卷一。《明史》〈朱紈傳〉、〈日本傳〉。

④：同前。

⑤：朱紈，《甓餘雜集》，卷二，嘉靖二十七年五月二十五日，〈捷報擒斬元兇蕩平巢穴以靖海道事疏〉；卷四，同年十二月十六日，〈雙嶼塡港工完事疏〉。《明史》〈朱紈傳〉、〈日本傳〉。

⑥：朱紈，《甓餘雜集》，首卷，〈自序〉。《明世宗實錄》，卷三三八，嘉靖二十七年七月甲戌朔；卷三四六，嘉靖二十八年三月辛未朔壬申條。《明史》〈朱紈傳〉、〈日本傳〉。

⑦：《明史》〈日本傳〉。

⑧：《明世宗實錄》，卷三八七，嘉靖三十一年七月辛巳朔己亥條。《明史》〈日本傳〉。

⑨：《明世宗實錄》，卷三八七，嘉靖三十一年七月辛巳朔己亥條。徐學聚，《嘉靖東南平倭通錄》，卷首語。

⑩：同前。

⑪：《明史》本傳雖謂王忬於嘉靖二十一年登進士榜，但王忬在其所著《御史大夫思質王公奏議》，卷五，〈給由疏〉中言：「臣由嘉靖二十年進士初授行人司行人」，故從〈給由疏〉所紀錄之二十年。

⑫：《明史》，卷二〇四，〈王忬傳〉。

⑬：《明世宗實錄》，卷三八七，嘉靖三十一年七月辛巳朔己亥條。談遷，《國榷》（中華書局本），卷六〇，世宗嘉靖三十一年七月辛巳朔壬寅條。

⑭：徐學聚，《嘉靖東南平倭通錄》，嘉靖三十二年三月條。

⑮：《明太祖實錄》，卷五四，洪武三年七月丁亥朔壬辰條。

⑯：《明史》，卷九一，〈兵〉，三，〈海防〉根據《明太祖實錄》所紀史實云：「洪武四年十二月，命靖海侯吳禎籍方國珍所部溫、台、慶元三府軍士，及蘭秀山無田糧之民，凡十一萬餘人，隸各衛爲軍，且禁沿海民私出海。」谷應泰，《明史紀事本末》，卷五五，〈沿海倭亂〉之記載與此大致相同，此乃有關太祖實施海禁之最早紀錄。

⑰：《明太祖實錄》，卷七五，洪武五年八月乙亥朔甲申條。

⑱：《明史》，卷九一，〈兵〉，三，〈海防〉。

⑲：《明太祖實錄》，卷七八，洪武六年正月癸卯朔庚戌條。

⑳：《明太祖實錄》，卷九九，洪武八年四月庚寅朔丙申條雖記此事謂：「命靖海侯葉昇巡行溫、台、福、興、漳、

泉、潮州等衛督造防倭海船。」但葉昇封侯在洪武十二年，而此乃八年事，故不應稱他爲侯。

㉑：《明太祖實錄》，卷一六四，洪武十七年八月丙寅朔庚午條。

㉒：《明太祖實錄》，卷一九五，洪武十七年正月己亥朔壬戌條。《明史》，卷九一，〈兵〉，三，〈海防〉。

㉓：《明史》，卷三，〈太祖本紀〉，三，洪武十七年春正月壬戌條；卷一二六，〈湯和傳〉，洪武十八年條；卷一三二，〈周德興傳〉，洪武十八年條；卷三二二，〈日本傳〉，洪武二十年條。

㉔：茅坤，《茅鹿門先生文集》（明萬曆間刊本），卷二，〈與李波泉中丞議海寇事宜書〉。以上參看鄭樑生，《明代中日關係研究》（臺北，文史哲出版社，民國七十四年三月），頁二二五～二二六。

㉕：鄭若曾，《籌海圖編》（明嘉靖四十一年刊本），卷一一，〈經略〉，一。

㉖：唐順之，《荊川外集》（明萬曆元年純白齋刊本），卷二，〈條陳海防事略疏〉。

㉗：朱紈，《甓餘雜集》，卷二，嘉靖二十六年十二月二十六日，〈閱視海防事疏〉。此〈疏〉並見於《明經世文編》，卷二〇五，《朱中丞甓餘集》，卷一。

㉘：《明世宗實》，卷三八八，嘉靖三十一年八月辛亥朔條所引巡按浙江御史松應基之奏報。

㉙：《明世宗實錄》，卷四一〇，嘉靖三十三年五月庚子朔條。

㉚：王忬，《王司馬奏議》（明崇禎刊本。《明經世文編》，卷二八三），卷一，〈議建城垣疏〉。

㉛：同前註。

㉜：王忬，《御史大夫思質王公奏議》（明隆慶刊本），卷六，〈懇乞築城以保固地方疏〉。

㉝：同前註。

㉞：同前註。

㉟：同前註。

㊱：同前註。

㊲：王忬，《御史大夫思質王公奏議》存六卷，卷八，〈建築城垣以固海防疏〉。

㊳：鄭若曾，《籌海圖編》，卷一二，〈經略〉，二，〈固海岸〉條所引唐順之之言。

㊴：王忬，《王司馬奏議》，卷一，〈條處海防事宜仰祈速賜施行疏〉（《明經世文編》，卷二八三）。

㊵：同前註。

㊶：同前註。王忬此〈疏〉所言者原有十條，但《明經世文篇》所錄者卻只有九條而已。

㊷：王忬，《御史大夫思質王公奏議》存六卷，卷五，〈議處重大倭患疏〉。

㊸：同前註。

㊹：王忬，《御史大夫思質王公奏議》，卷五，〈請調募官兵以濟防守疏〉。

㊺：同前註。

㊻：王忬，《御史大夫思質王公奏議》存六卷，卷六，〈乞留邊軍防守疏〉

㊼：王忬，《御史大夫思質王公奏議》存六卷，卷六，〈保留賢能方面官員疏〉。

㊽：王忬，《御史大夫思質王公奏議》存六卷，卷六，〈議處緊要有司官員疏〉。

㊾：《明世宗實錄》，卷三九三，嘉靖三十二年正月戊寅朔條。

㊿：《明世宗實錄》，卷三九四，嘉靖三十二年二月戊申朔丙寅條。

(51)：《明世宗實錄》，卷三九六，嘉靖三十二年閏三月丁未朔甲戌條。
(52)：鄭樑生，《明代中日關係研究》（臺北，文史哲出版社，民國七十四年三月），頁三三五；《明・日關係史の研究》（東京，雄山閣，一九八五年一月），頁三〇二～三〇三。
(53)：行宜，〈嘉靖大倭寇（在日海賊）──明代漢奸の史料的素描〉(1)～(3)（《華僑生活》，二卷三～七號；三卷春季號，一九六三年三月～一九六四年三月）。
(54)：王忬，《御史大夫思質王公奏議》存六卷，卷五，〈連次斬獲夷寇疏〉。
(55)：徐學聚，《嘉靖東南平倭通錄》，嘉靖三十二年三月條。
(56)：采九德，《倭變事略》（明天啓三年海鹽原刊本。鹽邑志林之一），卷二，嘉靖三十二年四月二日條。王忬，《御史大夫思質王公奏議》，卷七，〈衆大倭賊分道深入攻擾地方疏〉。
(57)：鄭若曾，《籌海圖編》，卷五，〈浙江倭變紀〉。
(58)：同前註。
(59)：王忬，《御史大夫思質王公奏議》存六卷，卷七，〈衆大倭賊分道深入攻擾地方疏〉。
(60)：鄭若曾，《籌海圖編》，卷五，〈浙江倭變紀〉。
(61)：同註(59)。
(62)：《明世宗實錄》，卷三九七，嘉靖三十二年四月丙子朔戊子條。
(63)：鄭若曾，《籌海圖編》，卷六，〈直隸倭變紀〉。
(64)：徐學聚，《嘉靖東南平倭通錄》，嘉靖三十二年四月條。

65：《明世宗實錄》，卷三九七，嘉靖三十二年四月丙子朔庚子條。

66：《明世宗實錄》，卷三九七，嘉靖三十二年四月丙子朔甲辰條。

67：《明世宗實錄》，卷四〇一，嘉靖三十二年八月乙亥朔己亥條。

68：王忬，《御史大夫思質王公奏議》存六卷，卷七，〈擒斬大夥倭寇疏〉。

69：王忬，《御史大夫思質王公奏議》存六卷，卷七，〈大夥倭寇挫損官兵勢愈猖獗乞賜調發狼兵防禦疏〉。

70：同前註。

71：同前註。

72：《明世宗實錄》，卷三九九，嘉靖三十二年六月丙子朔壬辰條。

73：同前註。

74：《明世宗實錄》，卷三九八，嘉靖三十二年五月丙午朔己酉條。

75：《明世宗實錄》，卷三九八，嘉靖三十二年五月丙午朔癸丑條。

76：《明世宗實錄》，卷三九八，嘉靖三十二年五月丙午朔壬戌條。

77：《明世宗實錄》，卷四〇〇，嘉靖三十二年七月乙巳朔戊申條。王忬，《御史大夫思質王公奏議》存六卷，卷七，〈大夥倭寇久據險巢會兵剿逐捷音疏〉。

78：《明世宗實錄》，卷四〇〇，嘉靖三十二年七月乙巳朔甲子條。

79：《明世宗實錄》，卷四〇一，嘉靖三十二年八月乙亥朔壬寅條。

80：《明世宗實錄》，卷四〇二，嘉靖三十二年九月甲辰朔己巳條。

(81)：《明世宗實錄》，卷四〇三，嘉靖三十二年十月甲戌朔乙卯條。
(82)：《明世宗實錄》，卷四〇八，嘉靖三十三年三月辛丑朔癸丑條。
(83)：《明世宗實錄》，卷四〇三，嘉靖三十二年十月甲戌朔庚辰條。
(84)：《明世宗實錄》，卷四〇三，嘉靖三十二年十月甲戌朔壬辰條。
(85)：《明世宗實錄》，卷四〇三，嘉靖三十二年十月甲戌朔壬寅條。
(86)：同前註。
(87)：鄭舜功，《日本一鑑》（商務印書館據舊鈔本影印本，民國二十八年）〈窮河話海〉，卷六，〈流逋〉。
(88)：同前註。
(89)：同前註。
(90)：《明史》〈日本傳〉。
(91)：參看朱紈，《甓餘雜集》，卷二，嘉靖二十六年十二月二十六日，〈閱視海防事疏〉。此〈疏〉並見於《明經世文編》，卷二〇五，〈朱中丞甓餘集〉，卷一。
(92)：朱紈，《甓餘雜集》，卷三，嘉靖二十七年六月二十七日，〈海洋賊船出沒事疏〉。此〈疏〉並見於《明經世文編》，卷二〇五，〈朱中丞甓餘集〉，卷一。
(93)：鄭若曾，《籌海圖編》，卷四，〈福建事宜〉所錄閩縣知縣仇俊卿之言。
(94)：同前註。
(95)：朱紈，《甓餘雜集》，卷二，〈閱視海防事疏〉。

96：鄭若曾，《籌海圖編》，卷一一，〈經略〉，一，〈敘寇原〉。

97：胡宗憲，《胡少保海防論》，（《明經世文編》，卷二六七），卷三，〈廣福浙兵船當會哨論〉。

98：同前註。

99：《明世宗實錄》，卷四二六，嘉靖三十四年九月癸巳朔庚子條。

100：同前註。

101：談遷，《國榷》，卷六三，世宗嘉靖三十九年六月丙申朔戊戌條。

102：同前註。

103：《明世宗實錄》，卷四二二，嘉靖三十四年五月甲午朔癸丑條。張時徹，《芝園全集》，（《明經世文編》，卷二四〇），卷一，〈慎防守以安重地疏〉。談遷，《國榷》，卷六三，世宗嘉靖三十九年六月丙申朔戊戌條所引徐學謨之言。

104：張時徹，《芝園全集》（《明經世文編》，卷二四〇），卷一，〈慎防守以安重地疏〉。

105：《明世宗實錄》，卷四二九，嘉靖三十四年閏十一月壬戌朔丁丑條。

106：戚繼光，《紀效新書》（文淵閣四庫全書本），卷二六。

107：陳文石，《明洪武嘉靖間的海禁政策》（臺北，臺灣大學文學院，民國五十五年八月），頁一六四。

108：《明世宗實錄》，卷四七四，嘉靖三十八年七月庚子朔戊子條云：「先是，巡按浙江御史王本固，南京御史李瑚，各參劾總督浙直都御史胡宗憲岑港養寇，溫、台失事，掩敗飾功之罪。詔下查盤科道官羅嘉賓、龐尚鵬從實覈報。至是，嘉賓等奏覆……至若總督浙直福建都御史胡宗憲，柔佞憸人，姦邪巨蠹，欺君悞國，養寇殘民。……擁勁兵以自衛，聞惡報之宵傳。罪將領以文奸，專冀本兵之內召。廉恥掃地，沈緬喪心。捧觴拜舞于軍前而伏地歡呼，讚趙文華爲島夷之帝；攜妓酣飮于堂上而迎春宴客，視總督府爲雜劇之場；萬金投欵（款）權門而醉發狂言，畢露其彌縫之巧；千里追回章疏而旋更情節，曲致其欺妄之私。納賄弄權，出犴獄之巨奸，若鹽賊朱先等，權倖將領，專官給餉，縱滑稽之武弁。若指揮陳光祖，富擬陶朱。貪黷因仍，征輸繁急。喜通透夷情爲得策，啓軍門倭主之謠；指扣侵邊餉爲常規，有總督銀山之號。招藝流而厚加（爲）豢養，盈庭皆狗鼠之雄；假贊畫而陰爲利謀，入幕悉衣冠之盜。蔑視法典，濁亂官常。此一臣者，宜置之重辟，以彰天討之公，用洩人心之憤者也。」

⑩9：《明史》〈日本傳〉。

⑪0：釆九德，《倭變事略》。《明史》〈丑　傳〉、〈日本傳〉

⑪1：《明史》〈王忬傳〉、〈李天寵傳〉、〈日本傳〉。參看《明世宗實錄》之相關記載。

⑪2：釆九德，《倭變事略》。《明史》，卷二〇五，〈胡宗憲傳〉。

⑪3：同註⑪1。

⑪4：《明史》〈張經傳〉、〈李天寵傳〉、〈胡宗憲傳〉、〈趙文華傳〉、〈日本傳〉。

⑪5：《明史》〈胡宗憲傳〉、〈日本傳〉。

⑪6：《明世宗實錄》，卷四五〇，嘉靖三十六年八月辛巳朔甲辰，卷四五三，同年十一月庚戌朔乙卯；卷四六一，嘉靖三十七年七月丙午朔丙辰；卷四六五，同年十月甲辰朔辛亥；卷四七一，嘉靖三十八年四月壬寅朔乙卯各條。《明史》〈日本傳〉。

⑪7：參看《明世宗實錄》、《明穆宗實錄》、《明神宗實錄》，及《明史》〈日本傳〉之相關記載。

張經與王江涇之役

一、前言

自從浙江巡撫朱紈爲巡按御史周亮、給事中葉鏜等人所搆陷而失位、自盡以後，明廷不但撤備弛禁，不復設巡撫，而且盡撤天下鎮守中官，並撤市舶，致東南沿海居民之干犯海禁，鋌而走險者遂操其利。①凡番貨至，輒賒與奸商，時間一久，奸商欺冒，不肯償還。②初時番貨之交易猶商賈主導，及嚴通番之禁，遂移至貴官家，負其值者愈甚。③外夷乏食，遂出沒海上爲盜。久之，乃盤據海洋，每日劫掠我海隅而不肯離去，於是小民好亂者遂相率入海從倭。④所以明廷在倭氛日劇的嘉靖三十一年（一五五二）七月，命巡撫山東僉都御史王忬提督軍務，巡視浙江及福、興、漳、泉四府，征剿倭寇。⑤惟因當時渠魁王直、徐海、陳東、麻葉之輩，糾結島倭及漳、泉群盜入寇，故東南沿海數千里同告警。先後破昌國衛、上海縣，犯太倉，掠江陰，攻乍浦，劫金山衛、崇明、常熟、蘇州，攻松江，復趨江北，薄通州、泰州。更陷嘉善，破崇明，復薄蘇州，入崇德縣。然後由吳江掠嘉興，還屯拓林。縱横來往，如入無人之境。⑥在此情況下，王忬也不能有所爲。當忬在福建視師時，賊復大至，犯浙江，忬之部將盧鏜頻頻失利。因此，御史趙炳然乃劾忬之罪，但爲世宗所宥。忬因請築嘉善、崇德、桐鄉、德清、慈谿、奉化、象山諸城而恤被寇諸府。⑦

未幾，忬改撫大同，由右僉都御史李天寵代忬巡撫浙江，又命兵部尚書張經總督軍務。張經擔任總督期間，雖有過赫赫武功，卻爲趙文華等人所冒，致不僅其功業無法彰顯，反而因得罪小人，致遭身首異處之禍。職是之故，本文擬就張經總督軍務，負責討伐倭寇，經略海疆之情形，尤其他在王江涇之役中殺敵致果的經緯作一番考察，以彰顯他在討倭戰役中所作之貢獻。惟因資料有限，故僅能以《明實錄》、《明史》、《籌海圖編》、《倭變事略》作爲主要依據來論述。

二、銜命靖倭　審慎督師

張經，字廷彝，侯官（福建閩侯縣西）人。正德十二年（一五一七）進士。除嘉興知縣。嘉靖四年（一五二五）召爲吏科給事中，歷戶科給事中，數有論劾。擢太業寺少卿，歷右副都御史，協理院事。十六年，晉陞爲兵部右侍郎，總督兩廣軍務。當斷藤峽賊侯公丁據弩灘爲亂時，經與御史鄒堯臣等定計，以軍事屬副使翁萬達等人進討，並誘執公丁，斬首千二百級，俘四百五十，招降二千九百餘。故土人謂：「祖父居羅運八世而未曾聞官軍涉茲土」，可見其入賊境之深。捷聞，經復升爲左侍郎，加秩一級。⑧未久，與毛伯溫定計，撫定安南，再進右都御史。平定思恩九土司及瓊州黎賊，更升爲兵部尙書。⑨當討伐馬平猺時副使張瑤等屢敗，故瑤爲世宗所懲處，經則爲其所宥。然因給事中周怡彈劾經之失誤，經乃欲罷官而不爲世宗所許。後來以丁憂回故里，服闋之後，復被起用爲三邊總督，卻因給事中劉起宗言其在兩廣任內尅扣餉銀，結果此一派令遂被取消。⑩

嘉靖三十二年（一五五三），經被命爲南京戶部尙書，旋改兵部。明年五月，朝議以倭寇猖獗，設總督大臣。乃命經不解部務，總督江南、江北、浙江、山東、福建、湖廣諸軍，一應兵食，俱聽其便宜處分；臨陣之際，不用命者，武官都指揮以下，文官五品以下，許以軍法從事。⑪

經銜命總督軍務以後，向四方大肆徵兵，協兵進剿，且經廷議命參將李逢時、許國前往山東募兵三千，督赴揚州，聽經調度。⑫七日後，明廷復命福建道御史溫錦葵，兵部主事張四知至山東募兵，使之禦倭。⑬數日後，漕運侍郎鄭曉奏謂：「倭寇類多中國人，其間有勇力、智謀可用者，每善資身無策，遂甘心從賊，爲之嚮導，此非包荒含垢，早圖區處，必爲腹心之憂。故宜使之立功贖罪，俟有勞績，並與敍遷，否則恐數年後，或有盧循、孫恩、黃巢、王仙芝者，益至滋蔓難撲滅」。且舉洪武間加強海防，遣使赴日宣諭之例，請敕下兵部亟爲議處，不得泄泄然付之。經兵部覆議後，乃以其所奏內容下達總督張經，使之酌宜實施。⑭

在此一時期，倭寇由吳江轉掠嘉興，署都指揮僉事夏光督兵禦之，背王江涇而布陣。賊衆鼓譟而前，官兵大潰。光急入舟，中流矢溺死。⑮蘇州方面之倭寇則流劫至嘉善縣，轉趨松江出海。彼輩雖在吳淞所被參將俞大猷擊敗，但其他官兵在長樵南海中亦有斬獲。⑯然因倭勢日熾，故明廷乃從總督張經言，起原任貴州總兵白泫及廣西都司都指揮鄒繼芳，俱充遊擊將軍，前往田州、歸順、南丹、東蘭、那地調狼兵五千人合帥至浙直禦倭，⑰以因應倭寇日益囂張之局勢。

迄至八月，倭寇自嘉興還屯採淘港、拓林等處，進薄嘉定縣城。適逢募兵參將李逢時、許國以山東民槍手六千人至，與賊遇於新涇橋。逢時率其麾下先進，敗之。賊退據羅店鎮，官軍追擊之，擒斬八十餘人。⑱山東兵復追擊倭寇至採淘港，乘勝深入。賊僅數舟，蒙絮被，射之不動。忽然倭寇從蘆葦中躍出手持橫刀者十六人，官軍大潰，被殺及因溺水而死者千餘人。當初在新涇橋剿賊時，以李逢時之功爲最大，許國遂恨逢時與之同事而不先約己，乃別從間道襲賊，欲分其功。適逢日暮，下大雨，指揮劉勇，千戶孫升、胡應麟，鎮撫李繼孜等兵先敗沒，諸軍繼之，皆倉卒不整，遂大敗。⑲

《籌海圖編》，卷六，〈直隸倭變紀〉以爲此賊係王直所遣者而在「八月，賊攻嘉定縣」項云：

賊首王直分遣其酋吳德宣、徐碧溪自綵絢港率衆千餘人攻縣城。

且記：「參將許國、李逢時敗賊於師家濱」云：

直知官兵將搗其巢，乃進營於師家濱，列七星陣以待。官兵擊之，大敗而去。既而又進攻之。賊固守其舟。時二參將所統者皆北兵，不知地利，屯所遇潮，死者甚衆。賊由原港出海，水兵追戰於老鸛嘴之四馬洪，大敗之。

由此觀之，山東兵之敗，其因在李逢時、許國二將領不相能，各兵趨利不止，未能同心協力，而山東兵之初到嘉定，不諳地理環境，亦有以致之。但無論如何，張經上任後所募之兵，首次參加討倭之役，即垂成而敗。十二月，錦衣衛械繫李逢時、許國至京訊治，經因論山東監軍參政許大倫，副使周臣紀律不嚴，亦宜量罰。山東兵見主將被逮，鬱鬱思歸，稍自引去。經請下有司追捕。兵部言：「此輩俱係北土烏合之兵，驅之蘇松水澤之地，固不相宜，悉遣之」。詔可。⑳

就在山東兵大敗之時，刑部主事郭仁以賊首挾倭寇騷擾海上，乃引太祖諭三佛齊故事，請敕令朝鮮宣諭日本。惟其章疏經兵覆議後認爲：

宣諭乃國體所關，最宜愼重。盡（蓋）倭寇方得志恣肆，比之往年益爲猖獗，恐未可以言語化誨鎮服也。若猿（猾）夏之罪未懲，而綏以撫諭，非所以蓄威；糾引之黨未得，而責以歛戢，非所以崇體，矧令（今）簡將練兵，皆有次第，待其畏威悔罪，然後皇上擴天地之仁，須恩諭以容其更生，未爲晚也。是祖宗時三佛齊止因阻絕商旅，非有倭奴匪茹之罪。朝鮮國近上表獻俘，心存敵愾，如復令其轉行宣諭，恐亦非其心矣！臣竊以爲不便。㉑

結果，世宗從兵部議而未聽從郭仁之意見。

九月，張經以倭寇充斥，議留折兌運糧，借用兩淮鹽銀，蘇州府滸墅鈔關船料，後湖贓罰銀十萬兩，以充兵餉。惟戶部以爲太倉等州縣漕糧，改折扣留已爲破格，如併折色而盡留，則餉規廢壞，何所紀極。宜止以太倉州三十二年秋糧折兌銀三萬五千有奇，華亭縣三萬六千餘，共抵作原議，聽蘇、松、常、鎮四府三十二年兌運秋糧，並派剩銀兩之數存留充餉；後湖抵贖以共半與之充餉。此一意見

爲世宗所同意。㉒

二十一日，賊船一艘四十三人，泊石墩，就民家炊食。次日，經破塘關，歷馬鞍山而東。令三賊登高哨望，見草蕩官兵來，廼向北逃避，奔出三郎廟，渡東洋橋，適與官兵相接。當時張參戎與丁總戎父子三路出兵；丁駐大步山，其子率兵合擊。賊一先鋒身著紅緝金短襖，舞雙刀突前，衆官兵乃圍之斬其首，並隨斬八賊。餘賊皆蹈水逃，且斷其橋，據沈姓民家，詈官軍。官軍間從他道渡河奮擊，又殺七賊。追抵馬家，復殺三賊。時天色昏黑，餘賊沿海北遁，丁又殺九賊。此時有晉秀才者，帥勇健四十餘，馳馬北追，不幸被賊襲殺。㉓

迄至十月，浙江續至倭寇萬餘人，分掠樂清、黃巖、東陽、永康等縣。其一支初自霓嶼登岸劫掠，突襲溫州之湖頭。百戶張曜統兵禦之，但爲賊所敗，乃力戰而死。於是賊走樂清，越盤石嶺，趨台州黃巖縣仙居，遂至南午嶺。巡檢朱純統鄉兵邀擊之，力戰而死。指揮戴祀、江九山，千戶崔海，鎮撫劉彧，百戶易坎（次）等，則與賊戰於芙蓉海口而皆戰歿。此後賊又分別攻觀海衛、乍浦所等處而未能得逞，乃分掠平湖、嘉興等處。㉔《倭變事略》云：

二十五日，沙上賊數千來寇，總六十八號，每號約六七十人。執白旗，吹螺，整隊而來，分八九路。是日，一犯我十六都，一犯新行鎮，一犯嘉興諸鄉村。其在新行者，蔓延十數里，燬掠三日，執民載輜重。二十七日，還沙口，守巢者出迎相慶，以爲出掠無事，且得利云。十六都賊歷平湖抵嘉善，入嘉興，載輜重百餘船，北抵王江涇，出南尋，掠皀林、烏鎮、雙林等市。

又云：

> 初，有司伐樹大阻塞河道，以爲擒賊計，而舟楫難造，避賊之民，反以爲礙。其沿海窮民，又夤夜冒倭狀劫掠。海寇未除，土賊繼作矣！

亦即外寇、內賊齊至，致使官兵愈益難於應付。更有進者，當時所築平湖城剛竣工，嘉善、崇德、桐鄉咸築城。至此時客兵數千戍守海鹽，每日給餉五分。其乍浦、平湖守兵費亦如此。致師旅征發，額外增稅，每田一畝，出兵餉至一分三釐。沿海之民，膏血爲之罄盡。㉕

十一月，倭自柘林入掠嘉、湖二府。〈浙江倭變紀〉記：「十一月，賊入嘉善縣，遂至湖州」云：

> 賊復自拓林而來，入縣治。又越嘉興府口而西，流劫湖州諸縣。

惟此賊至嘉興縣時，卻爲指揮劉恩至所敗而逃。㉖未幾，此賊復來。《籌海圖編》，卷九，〈遇難徇節考〉曰：

> 十二月，賊復入嘉善縣，百户賴榮華死之。

〈浙江倭變紀〉則曰：

> 賊歸自湖州，復入縣治。榮華統福兵禦之，乘勝逐北，賊預伏鳥銃手以待。兵潰，榮華死焉。翼日，賊焚縣治。自是而後，賊入縣治凡十有七次，無城故也。

亦即榮華之死，係因乘勝逐遁逃之敵，一時大意而中伏所致，至於嘉善之屢遭蹂躪，則是因無城而難於防守使然。

由於蘇、松自十月以後，新倭繼至者萬餘人，分掠各地，而官兵窮於應付。張經鑒於前此議調之廣西狼兵及湖廣民兵尚未至，乃告急於中央而復疏請調兵。故明廷乃命調永順宣慰司彭明輔，保靖宣慰司彭藎臣各帥土兵三千人前赴蘇、松剿賊。並且條陳：查復備倭舊政、總會水戰兵船、編立本地主兵、議設海防職守、議置遊兵防護、築立衝要城堡、申明賞罰條格等七事，以言：(1)國初備倭之法，久廢不修，其最急者在勾捕逃軍。乞即於見在數內，選取趫健餘丁習水戰者各令收伍食糧。(2)倭寇入擾，其船必由海洋，其來必由浙東。請合浙之東西，江之南北，各把總兵船爲一體，每總以其半爲遊兵，半爲守兵。倘賊入本總則併力截殺，入他總則守兵固守信地，而令遊兵追捕，與他總互相策應。其浙江之視蘇、松，江南之視江北亦如之。有自分彼此縱賊深入者，查從來治罪。(3)諸路調兵，勞費不貲，而吳、浙間耆民、沙民、鹽徒、礦徒，類皆可用，請於各府所屬州二百里以上者編兵三百名，二百里以下二百名，或均徭編派，或各里朋出，每兵一名定銀十二兩。如自有丁壯鄉民准其應役，否則徵銀募兵。(4)吳淞江口及黃浦一帶，皆通海要路，兵船旣設，統領無人，請於蘇、松各增設海防同知一員，而以水利通判併入巡鹽，其青村所、福山港，亦各增設把總一員守之。(5)比歲倭賊焚燒糧船數多，乞動支南京戶部募兵銀兩，遣官於徐、邳間召募驍勇一千五百人，付將官周于德領之，俾其沿河哨護。(6)瓜州、京口乃留都屏障，宜於對峙之處創建城郭，修置水關，俾運道悉由中行。及浙之北關，松之蒲東，亦各築二堡屯兵戍守。其經費下守臣酌議。(7)我兵禦敵，有陸戰、水戰、生擒、奪回之異；賊兵臨我，有夥賊、零賊、從賊、首惡之殊，宜各分別行賞，統領官亦各照部下功罪，以為賞罰。其俘賊繫獄者，亟負守巡官會訊處決，毋容久繫，以防內變。張經的這些建議，俱為世宗所允行。㉗

三、受趙文華制肘

正當張經從各處調兵至蘇、松之際，倭賊犯上海護塘、馬家濱等處，復寇橫涇，陷青村所，欲窺松江。備禦指揮徐承宗等出戰不利。參將湯克寬等猝遇賊於嘉、湖，戰復敗績。㉘由於倭寇持續作難，三壤雖存，鞠為茂草；孤村相望，幾絕炊煙。每每三四倭奴挺刃而至，官兵數百相顧披靡。更因蘇、松沿海居民又每負貨，賊所以覬厚利。民借寇以生，而寇反資糧於我，㉙致倭患更難於剿滅。

如據《倭變事略》的記載，則在三十四年元旦，有賊數千乘歲除，地方無備，竟出沙口，焚掠而行。海中徹夜火光，城上人無不見。初二日，此賊至海鹽。一賊從馬路口渡河跨土城而坐，手執旗幟招其徒黨。賊攻城，城上兵擲一磚，中其首而仆，遂遁去。復手中執旗麾衆退，整隊伍而行。有乘輿者，皆身著紅衣，此乃其酋長，而其隊伍自辰至午，行始絕。是夜，諸賊分宿茶院角里堰，約七八里間，民家歲時酒餚，賊縱飲食之，無一兵敢出城外探剿者。自三十一年以來，以十數賊行海濱數千里之地，殺官兵無數，迄今則賊衆已多至數萬人云。故無人敢攖其鋒者，致以斂跡固守，以為得策云。

初三日，有避寇村婦數百，襁負幼小，齊渡海鹽西浦橋。時值雨天，橋滑，皆棄兒匍匐以渡；河畔積孩屍甚多，悲號震野。賊掠出袁花鎭，戴錙重由黃道湖抵硤石。有先鋒六騎，按劍把截硤石口鎭。値年節，男皆酣飲，女皆裝飾，不虞寇至。猋忽四發，煙塵蔽天，經三晝夜而盡爲灰燼，而猶未熄，死於水火者無算。㉚遂西犯崇德。康熙《吳江縣志》，卷二二，〈武略〉云：

（倭）賊陷崇德，掠五百餘舟，從南潯，經梅堰，至平望六里橋。兵備參政任環，伏沙兵將擊之。僧兵洩其機，沙兵被害溺死者甚衆。（青陽港知縣楊）芷督光船分列於橋之東西，蕩中夾攻，斬首十五級，飛礮擊死者二十餘人。賊所掠財寶亡失殆盡。會新城雨裂，城隍災，恐賊棄舟窺城，乃逸朱家橋，據勝墩扼之。賊夜遁，復屯柘林。

《浙江倭變紀》亦云：

破崇德縣——時築城未完，賊以小舟潛從南水關入。

亦即崇德係因初築城未就，遂給賊以可乘之機，終於初九日被攻陷，執一儒學官，一縣尉，俱被殺。縣尹惶懼，乃急忙踰城而出。㉛結果折臂傷足，扶避村落民家。由於寇賊所寶貴者爲絲綿，故當其闖入葉序班家，見絲綿庫廣，乃踊跳而喜。賊又獲鄉官太守姚汝舟，劫其家衆，用千金方得贖還。姚旣脫離虎口，憤官兵逗留不進，遂赴軍門控訴。經此控訴，始督兵進剿。㉜

二十三日，先鋒丁總戎駐兵方準備膳食。會大風起，賊冒充民衆，著民服，至軍前紿曰：「寇至矣」！當此之時，兵方卸甲、置器，準備就食，聞寇至，即錯愕而視。賊伏起，掩擊，官軍大潰，覆亡千餘人。自此以後，賊勢益振。掠入雙林，出南潯。湖兵熟於水戰，邀擊之而頗得勝利。賊棄輜重二十餘舟，復抵杉青。次日，在嘉興與賊戰，止獲四賊，而喪師三千，沒官十二員。賊獲勝，還屯柘林。㉝其至湖州橫塘之賊，亦與官兵戰而官兵敗績，百戶副理問、陶一貫，溫台守備周奎等陣亡。《浙江倭變紀》云：

時同死者清州指揮孫勇，羽林百户陸陵，玄鍾百户周應辰，山東把總梁鄂（鶚），武生郭問、張景安、朱平、姚清。孫魯，故青齊驍將也，是役亦手刃數賊，以眾寡不敵，故敗歿。

此事並見於《遇難徇節考》。因倭寇如此猖獗而官軍無法加以阻遏，所以世宗乃降敕切責張經師久無效，命其嚴督諸臣亟爲剿賊安民，如再因循，必予重罰，不稍寬貸。㉞

就在倭寇猖獗難制之時，工部右侍郎趙文華疏陳：祀海神、降德音、增水軍、差田賦、募餘力、遣視師、察賊情等備倭七事。兵部以爲祀海神、降德音、增水軍、募餘力、察賊情，俱有裨軍政，可下令督臣酌行；其差田賦，恐致擾民。至於遣視師則宜行。總督張經將率諸軍，不必別遣。㉟惟當崑山致仕侍郎來隆禧奏請添設巡視福建都御史並開互市之禁時，世宗乃諭閣臣曰：

南北兩欺，不宜怠。視本兵若罔知者，文華、隆禧二臣之疏似不同泛奏者，當有依焉。今南破北虛，豈爲國之道耶？祖宗養教恩深，豈以怨讟時君而忘先聖大德？卿等其集兵部科臣示朕此意，令盡忠猷以告。㊱

於是兵部尙書聑豹等震慴請罪，曰：

文華之疏，臣度其可行者已奏可之，其事有室（窒）戾者，亦復疏陳其略。至如隆禧所奏設巡視，則科臣謂：官多民擾；其雲（云）開互市，科臣亦謂：示弱兼以北虜之市爲監，皆駁寢之。且昨歲文華已有市舶之議，于時戶部下所在守臣計處，至今未報。臣惟祖宗制倭，絕其朝貢。至於勳臣出鎮，海波始清，當時絕不言及市舶意良，有謂且浙、直兵力脆弱，所恃徵調以策應緩急者獨有漳、泉耳，若更設巡視，閩中則人懷自顧，漳、泉之兵豈得復爲蘇、松、兩浙之用？今兵力四集，南倭似有可平之浙（漸），而宣、大諸境邊臣亦各矢力奮猷，足寢北虜之謀。倘所任不效，則當治諸臣及臣等之罪。㊲

世宗覽疏以後，責聶豹曰：

兩北兩欺，倭賊殘毀地方尤甚。昨下諭平剿長策，欲豹等人告忠猷。今此何有忠猷之告？其更悉心計處以聞。㊳

而令其再悉心計畫，並將其所計畫之內容加以呈報。於是聶豹惶恐疏報曰：

臣犬馬之愚，豈敢不盡，顧智機（識）淺短，軍國大計，籌慮實有未周。蓋中間機宜，非可遙制，方略不能兩授。拘于職掌者既難於徑行，得於傳聞者又未敢輕奏。是致藏（臧）否異同，涓滴未效。㊴

並且將其遵詔謀畫結果彙整成爲如下便宜五事曰：

一、制勝之本：督臣駕馭失策，諸將不相爲用，宜令歷（瀝）心以集衆思，厚賞以畢群力。

一、周（用）兵之術：寇至，宜以舟師截之於外，狼、土諸兵驅之於內，而以鄉兵遏其橫奔，互相恃（犄）角，則戰守俱利。一、散賊之黨：令寧、紹、漳、泉等府編立保甲，自相稽察。凡民出心（必）詰（詰）其所向，入必驗其所得，嚴以覺舉之，法重以連坐之科。一、足食之計：凡撫按論罷藩臬郡縣等官，未有進（追）贓者，宜徵入以佐軍需。一、足兵之計：疏列罪錮諸將，視其重輕，限以首功多寡自贖。贖已（已）積功，敘復其官；已乃積功，遷次如例，不效則仍正其罪。㊵

聶豹雖因受世宗譴責而上此便宜五事，然觀其所言內容空洞，欠缺具體有效的防禦措施，故世宗覽奏之後又怒責之曰：

> 爾等職任本兵，坐視賊欺不能設一策平剿，及奉諭問，卻又泛言其（具）對，撫（摭）拾舊聞塞責。㊶

結果，相關人員所受到的處分是：聶豹姑降俸二級，侍郎翁溥等各奪俸半年，所司郎中張重一級調外任，餘各奪俸三個月。㊷

倭寇既如此囂張，趙文華又曾經疏陳備倭七事而認爲朝廷應遣大臣祀海神、遣視師，故明廷乃於文華上疏後七日，決定派遣他去祭祀海神，並視察江南賊情。㊸如據《明史》〈趙文華傳〉、《國榷》等史乘的記載，趙文華之所以被遣祭告海神兼視察江南軍情，係因嚴嵩推薦的結果。不過當文華抵江南以後，竟顛倒功罪，致總督張經，巡撫李天寵被害而亡。

四、王江涇之役始末

嘉靖三十四年三月一日，兵部答覆浙江巡按御史胡宗憲對本年元旦倭寇奪舟犯乍浦、海寧，攻陷崇德，又轉掠塘棲、新市、橫塘、雙林等處，復攻德清，殺把總梁鶚，指揮周奎、孫魯，百戶陸陵、周應辰、副理問、陶一貫等情形，請處分失事諸人之罪，並錄有功及死事者之奏疏。世宗以爲縣城被攻陷之事重大，故乃命巡按御史逮捕該縣知縣蔡本端至北京訊治。參將湯克寬，把總指揮丁僅等人則下督撫，先取死罪；巡撫李天寵，指揮吳韜、邵昇，領兵僉事羅拱辰諸人則全部停俸，使之戴罪殺賊。副總兵俞大猷，參將謝少南，兵備副使陳應魁，僉事凌雲翼等則被奪俸三個月。指揮等官李上等七人，則由按臣處以應得之罪。至於周奎、喬一貫等陣亡人員，則援例贈襲；獲功知縣楊芷，千戶周勇，監生喬鏜諸人，亦各令軍門獎賞，有差。㊹

三月，前此張經所調廣西田州土官婦率領狼兵、土兵應調至蘇州，張經將他們分別隸屬總兵俞大猷等人，使之殺賊，並將此事奏聞於朝。結果，詔賞瓦氏及其孫大壽、大祿各銀二十兩，紵絲二表裏。其餘人員則命軍門獎賞。所謂瓦氏，即土司岑彭之妾，以婦人率領部隊，頗有紀律而秋毫無犯云。

十二日，瓦氏兵暨白都閫，湯、盧二總戎，羅、任二兵憲，丁、樂二總戎諸兵入海鹽城，以海鹽爲吉方往鎭一帶沿海要地，兵號二十四萬，屯金山，搗賊巢。倭賊聞之而懼，退保柘林，堅壁不敢

出。㊺

四月七日，工部侍郎趙文華至松江祭海神。如前文所說，當時倭賊據川沙窪、拓林爲巢，經冬涉春，新到之倭接踵而至，地方甚恐。及聞總督張經所調狼兵至，其由彭翼南、彭藎臣、彭明輔等人所率援兵八千人亦至松江，因此民心方纔稍安。㊻翌日，諸將率兵出哨，在途中遇倭賊，擊殺九賊而覆兵三百，㊼可謂損失慘重。只因官軍懦弱，不堪一擊，而倭寇又所在跋扈，所以民衆驚恐在所難免。是時賊衆八千餘，經過金山衛，總兵俞大猷乃派遣遊擊白泫等人率領狼兵數隊往來巡哨，乘隙邀擊倭賊，舍把田鑾等人亦稍有斬獲。文華因此說：「狼兵果然可用」。乃厚加犒賞，使之進剿倭賊。然至漕涇時，與數百倭賊遭遇，狼兵乃鼓衆衝戰。不僅未能獲勝，頭目鍾富、黃維等十四人俱死，失亡亦不在少數。㊽

四月八日，諸帥率兵出哨，遇賊，擊殺九賊而覆兵三百。次日，瓦氏姪恃勇獨自巡哨，賊復掩擊，瓦氏姪殺六人而人馬俱斃。瓦氏應調至沿海地方以後，急欲建立戰功，所以一再請求出戰。然諸將集合在張經帳下討論結果，輒以固守爲上策而多觀望不前。及至其姪戰死，瓦氏遂鬱鬱不得志，有不如歸去之意。當時官軍正擬大會剿，但因哨兵兩戰皆不利，所以倭賊知狼兵不足畏懼，乃復鼓氣攻侵；官軍所運糧餉、薪柴、魚豢至張家堰之際，竟被掠去二十六舟，糧二千餘石。因此，張經不得不再移文至各縣，令其準備乾糧及役夫，前往金山割麥，以便擒賊。十七日，發出割麥人員二百名，及黏米二十石，麵二百斤，送往金山。㊾

前此倭酋徐海、麻葉探知嘉抗兵被調往松江搗賊巢，乃率數千人從水陸並進，聲言先攻嘉興，次及杭州。徐海乃渠魁徐銓之姪，與倭首王直，及胡宗憲同爲徽州歙縣人。年少出家，爲杭州大慈山虎跑寺僧侶，還俗時間不詳。如據《日本一鑑》〈窮河話海〉，卷七，〈流逋〉的記載，則其投身海寇的時期，似爲嘉靖三十年（一五五一）其叔徐銓至舟山群島之瀝港經商，而與之偕往日本之際。⑩徐銓即徐惟學，又名碧溪，原爲鹽商，因生意失敗而加入走私行列。⑪〈窮河話海〉，卷六，〈海市〉，「庚戌二十九年條」云：

本年徐銓等勾引倭夷，俱市長途。

由此看來，徐銓在嘉靖二十九年當時已干犯海禁，從事走私。銓原是王直之黨羽，⑫而不出數年，其姪竟被明朝當局視爲僅次於王直者。前引〈流逋〉之引文言其所以能夠在短時間內發跡的理由云：

日本之夷，初見徐海，謂中華僧，敬猶活佛，多施予之。海以所得，隨繕大船。明年壬子（三十一年），誘倭稱市於列港。

亦即徐海係獲日本的佛教信徒之布施而得繕其貿易所需之大船，並於獲船之同年到瀝港貿易。⑬然而：

時銓與王直奉海道檄，出港拏賊送官，而海船倭每潛出港，劫掠接濟貨船。遭劫掠者，到列港復遇劫掠賊。倭陽若不之覺，陰則委之，識爲海船之倭也，乃告王直。直曰：「我等出港拏賊，豈知賊在港中耶？」隨戒海。海怒，欲殺王直；而銓復戒海，乃止。⑭

其叔銓似因此事而與王直交惡，所以在此以後無王、徐一起行動的紀錄。

如根據《日本一鑑》或《籌海圖編》等書，則以徐海一夥的名義攻掠沿海州縣之紀錄出現，係在嘉靖三十三年正月以後，而海在本年八月以後，已有其獨立組織，亦即渠魁蕭顯等五月敗於松江，南奔而滅於慈谿之後。㊺〈直隸倭變紀〉以爲徐海勢力強大到能夠分踪出掠的時期爲三十四年四月，距其成爲賊首，僅年餘而已。而前文所說海「率衆數千人，從水陸並進，聲言先攻嘉興，次及杭州」，即是他剛分踪出掠之時。

四月二十四日，三丈浦倭賊分掠常熟江陰村鎭，兵備任環以保靖兵、土兵千餘，及知縣王鈇，指揮孔壽合力加以擊破，斬首一百五十餘級，燒賊船二十七隻，餘賊奔江陰。㊻二十六日，徐海之徒衆自嘉興至唐家湖，賊不能渡。靑陽港知縣楊芷，乃引兵截戰。賊駭奔平望，奪舟橫渡。楊芷令泅水者鑿其舟，而親自屯兵截盛墩，斷其堤，並布置釘板於水底，故賊不敢渡。總督張經調遣保靖宣慰使彭藎臣率兩千兵員來支援，當地兵員與之配合剿賊。㊼

當渠魁徐海、麻葉等探知嘉、杭兵調至松江搗巢之消息，而率衆數千人水陸並進，並聲言先攻嘉興，次及杭州之際，浙江巡撫李天寵正留守在杭州。總督張經在華亭，無兵可恃，因此軍民洶洶，甚爲恐懼。當時適逢巡按御史胡宗憲巡視浙東之台州、溫州諸郡，得知此一消息後，即連日夜馳赴嘉興。《籌海圖編》，卷九，〈大捷考·王江涇之捷〉條云：

> 會賊從嘉善來，前驅迤邐薄（嘉興）城外，衆益懼甚。（胡宗憲）公曰：「兵法：攻謀爲上，

角力爲下」，矧又無兵。乃密屬吏取酒百餘甖，鑽其顚，投以毒劑，塞如故。載兩船，選兵卒機警而猛者，假冠服，持赤幘，坐船上，稱解官解酒餉軍，載向賊所從道，見賊即褫去冠服走。賊信不疑，馳報諸酋長。諸酋長得酒大歡，相率高會痛飲，率多死。已，又令村市酒家皆入毒甕中，約償以直；民所有米，漬藥水淅而遺之。賊往往爭取飲啜，輒又死。

亦即胡宗憲是基於總督張經所徵調之兵尚未到齊，如以正常戰鬥方式，則官軍之寡不敵衆，實至爲明顯。故乃以毒藥放入酒食中以俟賊衆之來，復使運酒食者著官服，使賊相信他們確爲官方遣往前線勞軍之官員，使官軍不折一兵一卒而殺敵無數。雖然如此，倭賊尚多，官軍人數少而且又恇怯，如與賊衆正面接戰，實尚無勝算把握，幸虧總督張經所遣保靖宣尉使彭藎臣所領土兵數千人適時趕來，聽胡宗憲調用。前舉〈王江涇之捷〉又云：

胡公策其恃勇犯忌，使人傳語之曰：「賊善伏，且知分合，我兵常爲其誘，宜分奇、正、左、右翼擊，防其突出」。藎臣不聽，乘銳直前，果遇伏，墮賊計，挫於城南石塘，乃始大悔，遂有潰志。遠近震駭，大失望。胡公深憂之曰：「如是我技窮矣！」於是親詣軍營，宣諭且勞苦之曰：「勝負兵家常事，惡足介介。凡爾所以憤者，以不知地利中其伏。我聞賊酋多死，衆絲棼無紀，且久不得食，息瑕可攻，若等無畏。」顧兵多無衣與器械，乃使人悉索諸質肆故衣頒給之，加賜錢帛、牛酒、飲食。召諸金木工晝夜繕造器具，懸重賞。苗兵感激思奮。

當胡宗憲採取這些措施後，認爲受挫之官軍已可復用，乃指畫石塘地形之曲折，對彭藎臣言以其所率之兵若干為前鋒，從塘路進；若干為奇兵，伏於道路之左，水兵船若干環列於道路之右，以防賊衆逃逸；其餘兵員則等候倭賊至某處時，由前鋒迎敵，佯敗走，俟其經過伏兵所在之處，伏兵四起，三面夾擊，如此則必可打敗敵人。藎臣依此戰略佈署，倭賊果然僨敗，北走平望。[58]此時官軍尚有苗兵營而賊不知，會總督張經從松江兼程來視師，而永順宣慰使彭翼南復從泖湖西出，胡宗憲與督察趙文華部署參將盧鏜等人，予以激勵。宗憲且親自擐甲，馳馬趨出，從四面圍賊，軍聲遂大振。倭賊見勢大沮，還走王江涇。賊既連疲於奔逃，又餒且病，矧無統紀，遂大潰不支。土兵與官軍乘勝斬倭首近二千級，溺水死者不可勝數。[59]《明世宗實錄》，卷四二二，嘉靖三十四年五月甲午朔條云：

> 柘林倭，合新倭四千餘人，突犯嘉興。（浙江）總督強（張）經，分遣參將盧鏜等，督粮（狼）、土等兵水陸擊之。保靖宣慰使彭藎臣，與賊遇于石塘灣。大戰，敗之，賊遂北走平望。副總兵俞大猷，以永順宣慰司官舍彭翼南兵邀擊之，賊奔回王江涇。保靖兵復擊急（急擊）其後，賊之（遂）大潰。諸軍共擒斬首功凡一千九百八十人（衍）有奇，溺水及走死者甚衆。餘賊不可數百，奔歸柘林。自有倭患以來，東南用兵未有得志者，此其第一切（功）云。

此乃敍述王江涇大捷的經過，谷應泰《明史紀事本末》，卷五五，〈沿海倭亂〉並見此事。由於過去的歷次剿倭之役雖有小勝，但喫敗的情形亦屢見不鮮，所以此次戰役之能夠殺敵致果，除官軍之奮勇上前外，亦當與總督之向四方徵調兵員協力征剿，及其調配、佈置兵員得當極有關係。

在王江涇喫敗的倭賊奔歸柘林後，縱火焚其巢，駕舟二百餘艘出海遁逃。[60]前此永順、保靖之兵既皆失利，賊遂肆意猖獗。其一支自西北入太湖，犯常州。另一支則南犯杭州、嘉興、湖州。其犯杭州者至梧棲，惟彭藎臣、彭翼南兩宣慰使復失利，賊遂掠北關而去，欲從蘇州入海到吳江之平望。因此，浙直鄉兵乃聯手擊賊，賊腹背受敵而奔往松江。惟至三店時，爲官軍所邀擊，被斬首者七百餘，中毒死者千餘人。61

其原屯柘林之寇千餘則流突李塔匯，歷張庄小崑山，趨泖湖而北，保靖宣慰使彭藎臣率兵追之，抵蘇州之陸涇壩而離城僅十里。兵備副副任環督兵擊之，擒其酋帥，俘斬五六百級，水火死者不計，屍盈阡陌。62惟彭藎臣轉戰至楊家橋，斬首三十餘級後竟被創而死。63

五、趙文華顛倒功罪

嘉靖時倭寇之難於平定，趙文華之介入討倭戰役有密切關係。《明史》〈明本傳〉於記載官軍之懦怯後謂：

> 帝乃遣工部侍郎趙文華督察軍情。文華顛倒功罪，諸軍益解體。（張）經、（李）天寵並被逮，代以周琉、胡宗憲。踰月，琉罷，代以揚宜。

即是文華至江南以後的負面影響。如前文所說，趙文華曾於本（三十四）年二月上所謂〈疏陳備倭七事〉而受世宗之命，於四月辛未（八日）至松江祭海神，並督察沿海軍務。不過他到江南以後，不但對剿寇工作毫無裨益，竟造成「陵轢官吏，公私告擾，益無寧日」之反效果。

張經奉命總督江南、江北、浙江、山東、福建、湖廣諸軍，以便宜討伐倭寇之後，即每月選將練兵，爲搗賊巢而謀畫。由於江浙、山東之兵屢戰屢敗，弱不堪用，乃欲等候其所徵調之兵至江南以後方纔舉兵。三十四年三月，田州瓦氏兵先至，欲速戰，但不爲經所同意。不久，東蘭㊿諸兵繼至。因此，經便以瓦氏兵隸屬總兵官兪大猷，以東蘭、那地、南丹兵隸屬遊擊鄒繼芳，以歸順及思恩、東莞兵隸屬參將湯克寬，使他們分屯金山衛、閔港、乍浦，三面掎賊，以待永順、保靖兵來。㊽當趙文華以祭海神到達江南以後，即與浙江巡按御史胡宗憲親近，一再促使張經進兵，但經不爲所動。

五月五日，原屯川沙之倭賊突犯閘港、周浦、車浦（溝）等處，奪舟過浦，分掠四涇北箬山。僉事董邦政，遊擊周藩，引兵追擊，遇賊於唐（塘）行，官軍驚潰，藩被創死，軍士死傷者幾三百人。賊遂屯駐古塘橋，流劫崑山縣石浦等鎭。㊻

倭寇旣如此猖獗，南京湖廣道御史屠仲律乃上〈禦倭五事〉：一、絕亂源。言宜禁放洋巨艦，禁窩藏巨家，及下海奸民。二、防海口。言宜守平陽港，拒賊於黃花澳，並以海門之險爲據，則賊不得接近杭州；防守吳淞江，備禦於劉家河，則賊無法掩襲蘇州、松江、嘉興。三、責守令。言宜責江南守令當以訓練士兵，保全境土爲首要。四、議調發。言近日徵調各處民兵，無慮數萬，而膚功不奏，實坐不善用兵之十弊。十弊不去，雖頗牧操刃，賁育執戈，莫能濟矣。制禦之道，非兵少之憂，而實寡算之患。蓋欲防盜者必知賊情；欲制盜者，必存盜心；故必詳謀而熟計，然後成功可期。五、作勇敢。言沿海如沙民、鹽徒、打生手及村莊悍夫，皆勇敢可用，宜獎諭收錄，使其併力拒守。兵部以爲

其議可行，乃請頒詔實施。㊿

在屠仲律上〈禦倭五事〉後兩日，有倭寇五十餘人自山東日照流劫安東衛，至淮安贛榆縣。是日，有倭舟突犯呂四場，且流劫東團等處。該場副使李政督兵攻之，斬首四十五級，盡殲其衆。㊿次日，復有倭舟三十餘艘，衆約千餘人，自海洋突犯蘇州青村所，攻其城堡而未能如願，遂縱火自焚其舟，登岸肆意劫掠。當時又有新到之倭大批擁至，自青村外若南沙、小烏口、浪港等處皆有倭賊，靠岸即焚舟四散劫掠。官兵稍稍逼之，乃合勢犯蘇州陸涇壩及婁門。南京都督周于德雖引兵來援救，卻一戰而敗，鎮撫孫憲臣被殺。於是賊遂分爲兩支，一由齊門北馬頭而北，轉掠滸墅關、長洲五等都；一由胥門木瀆而南，轉掠吳縣、橫塘等鎮，更劫掠常熟、江陰、無錫之境，出入太湖而無人能加以抵禦。㊿

就在張經佈置他從各地徵調之兵，剿徐海一夥之際，世宗竟聽信趙文華之言，下詔逮捕總督張經及參將湯克寬，將其械繫至北京。此一詔敕之傳抵江南，係在王江涇之役過後不久的嘉靖三十四年五月己酉（十六日）。經與克寬之所以被逮至京城訊問，其因在於趙文華彈劾他畏巽失機，玩寇殃民所致。《明世宗實錄》云：

倭自去歲據松江柘林、川沙窪二處爲巢，縱橫肆掠，周迴數百里間，焚屠殆遍，水陸兵無敢進者。本（三十四）年三月初，廣西田州土官婦瓦氏，及東蘭、南丹、那地、歸順等州狼兵六千餘名，承經調治（至）。狼兵輕慓嗜利，聞倭富有財貨，極欲取之，居民亦苦倭寇暴，朝夕冀倖一戰。文華既至嘉興，屢趣經亟檄狼兵剿賊。經曰：「賊狡且衆，今檄召四方兵，獨狼兵先至耳。此兵勇進而易潰，萬一失利，即駭遠近觀聽，姑俟（候）保靖、永順土兵至，合力夾攻，庶保萬全。」文華再三宮（言），經終守便宜不聽。文華乃疏言：「經，養寇糜財，屢失進兵機宜。惑于湯克寬謬言，欲俟倭飽載出洋，以水兵掠餘賊報功塞責耳，宜亟治以紓東南大禍。」疏至，上以問大學士嚴嵩，嵩對具如文華言。且謂：「蘇、松人怨經，不可復留，宜與充（克）寬俱逮京鞠訊，以懲欺怠。」經、克寬逐（遂）並得罪。⑳

《國榷》亦云：

逮總督浙直軍務右都御史張經及參將湯克寬，以侍郎趙文華劾其失機玩寇也。初，田州、東蘭、南丹、歸順等狼兵六千人至，輕進、嗜利，聞倭富有財貨，亟欲取之。居民苦倭，朝夕冀倖一戰。文華至嘉興，屢檄經戰。經曰：「賊狡且衆，狼兵勇而易潰，倘失利，遠近駭聽。俟保靖、永順兵合攻之。」文華言再四，終不聽。文華挾內援，頤指經。經以大臣自重出。文華劾經，謂其才足辦也，特家閩避賊仇，故嚄唶縱賊耳。上問嚴嵩，對具如文華言，並罪克寬。㉑

《嘉靖以來注略》則云：

田州女土官瓦氏將狼兵至。趙文華亟檄之戰。經曰：「狼兵勇進易潰，萬一失利，即駭遠近。俟永順、保靖兵合力，方保萬全。」瓦氏憤曰：「我自備軍需，不效尺寸，何以歸見宗黨？」

文華怒，遂劾經養寇糜財。⑫

亦即張經係因審愼督師，不聽趙文華之言派兵剿倭，致被其羅織莫須有之罪名，而浙江巡撫李天寵亦因平日不取寵文華而遭池魚之殃。文華之所以敢如此，乃因恃嚴嵩在中央可爲其內援之故。⑬然如據《明史》，卷三〇八，〈趙文華傳〉的記載，則更進一步云：

當是時，總督張經方徵四方及狼、土兵，議大舉，自以位文華上，心輕之。文華不悅。狼兵稍有斬獲功，文華厚犒之，使進剿。至漕涇，戰敗，亡頭目十四人。文華恚，數趣經進兵。經慮文華輕洩師期，不以告。文華益怒，劾經養寇失機。疏方上，經大捷王江涇。文華攘其功，謂己與胡宗憲督師所致，經竟論死。又劾浙江巡撫李天寵，薦胡宗憲代，天寵亦論死。

由上舉〈趙文華傳〉的記載可知，張經所以被誣陷的經緯。至於李天寵之被劾，因由於他平日不取寵文華所致，文華遂誹謗他嗜酒廢事。結果，世宗竟除天寵名，而以每事附和文華之胡宗憲繼其任。未幾，御史葉恩以倭蹂躪北新關疏劾天寵，宗憲亦言其縱寇。世宗覽疏大怒而下令逮天寵下獄。⑭

正當世宗下詔逮捕張經之際，經以平望王江涇大捷疏報至京，於是給事中李用敬、閻望雲、顧弘潞、袁世榮、高敏宇等因言經巽懦失事，罪之誠當。但今獲首功一千九百餘級，正是倭奴奪氣，我兵激奮之時，所以宜乘勢擣柘林、川沙窪之賊巢，以殲醜類。如果又更換將帥，恐會怡誤機宜。請姑且召還錦衣衛使者，待進兵後視其剿倭成果之良否，從而再予逮捕亦未爲晚。世宗覽疏大怒，手批曰：

張經欺怠不忠，聞文華之奏，方此一戰，是何心也？此輩黨奸惡直，沮法怨上，罪不可貸。乃命錦衣衛執用敬等各杖五十，黜爲民。⑮

未幾，世宗對此事心生疑慮，乃問嚴嵩有關事情之眞相。惟因嵩與文華同黨，故不僅以文華疏中之語應答，更謂經「養寇損威，殃民糜餉，不逮問無以正法。」嚴嵩除對張經作落井下石之言外，對文華、宗憲等人則大爲揄揚曰：

昨狼兵初至，氣銳，經禁久不進。瓦氏憤曰：「我自備軍糧，不效尺寸，何以歸見鄉黨？」及賊逸甚多，地方震恐。文華憤不能（平），與御史胡宗憲合謀督兵追賊。經聞繼至。今次文華誠忘身殉國，然必藉巡按力。宗憲勇敢有膽略，親擐甲臨戎，以至克捷，此實上天垂佑所致。皇上昨諭欲遣官賜文華銀幣，以壯彼爲（威），仰見聖明激勵臣工至意。但宗憲功同，希亦賜賞，一使彼地之人如（知）日月之明無遠不照，功（著勤），罪者懼矣！⑯

因此，世宗乃諭禮部曰：

昨文華不言賊情，未免又誤。可令竭忠督討，仰贊玄威。其遣衛官一員，賫賜文華、宗憲，及瓦氏銀幣，有差。⑰

亦即世宗未查證事情之眞相而一味聽信趙文華、嚴嵩等人之言，致顚倒是非，將剿倭有功之張經冠以莫須有之罪名，給文華、宗憲等人以不應得之獎賞。

七月，張經、湯克寬被逮繫至北京。詔下法司議罪。經上疏自我辯護。他首言將從各地徵調的客兵所爲之佈署情形曰：

臣自昨歲十二月受總督之任，於時倭方盤據柘林、川沙窪，其衆且二萬餘。吳會民兵脆弱，無可制禦，臣乃奏調由州東蘭、那地、南丹、挺順等州狼兵五千名，永順、保靖二宣慰司土兵六千名，蓋欲合力併勢，爲必勝之算。爾今歲三月初，田州土官婦瓦氏，及東蘭等州官舍各兵繼至。臣從宜分布，以瓦氏其配總兵俞大猷屯金山衛，爲搗巢西路；以束（東）蘭、那地、南丹三州兵配遊擊趨（鄒）繼芳屯閔行，爲搗巢北路；以歸順兵及募至思恩兵，廣東東莞打手配參將湯克寬屯乍浦，爲西路右哨；各令相機戰守。⑱

也就是說，張經爲掃蕩柘林、川沙窪之賊巢而從宜分布，以求萬全。及至三十四年三月末，當趙文華抵松江，大賚諸將之後即促令進討。

然遠調之兵，新至之將，賊情、地利，皆所未諳。遊擊白泫以田州兵千餘往探陸哨，遇賊伏卒，殺其頭目鍾富，損兵大半，則狼兵之不宜驟用明矣！及四月二十日，永順、保靖兵至。具（其）日，巢倭四千餘突犯嘉興，臣即委參將盧鏜督保靖兵援嘉興；委俞大猷督永順兵，由抑（泖）湖間道趨平望，以扼賊路，令湯克寬引舟師從中擊之，一戰而勝，凡斬馘一千九百有哥（奇），焚溺死者無算，賊氣遂餒。此臣日夜苦心審幾虜（慮）勝，豈有一毫怠事之念哉！自臣蒞任方半年，前後俘斬且以五千計，惟是智略識（淺）短，不能使積年劇寇俄頃掃蕩，此則臣之罪也。⑲

張經雖作如上文之自我辯護，但世宗不寬宥他，刑部尚書何鰲更論經與克寬其罪該死而將他們兩人繫獄待決。同年十一月，經與李天寵俱被斬，天下冤之。⑧湯克寬則雖曾一度被問死，但於入獄許久後被釋放，在剿倭時立功而獲賜世蔭，然此係數年以後之事。⑧

六、結語

張經奉命討伐倭寇，節制半天下，其態度乃擁兵持重，以圖萬全之策，誠不欲浪戰而付國事於一擲。為人臣者，圖事揆策，期於至當。其敗固應加以應得之罪，但他殺敵致果而仍難逃一死，實難令人不扼腕歎息。⑧張經、李天寵失位以後代以周琉、胡宗憲。惟宗憲擔任浙江巡撫後，欲奪周琉職位。所以文華遂上疏彈劾周琉而推薦宗憲。結果，世宗奪琉俸祿，旋勒其為民，故琉在官僅三十四日而由楊宜繼其任。然楊宜擔任總督時，文華仍督察軍務而威出楊宜之上，故更迭文武大吏時全憑其愛憎而不顧楊宜之是否同意其作法。不過楊宜懲於張經的下場，故一直曲意奉承文華，致為文華所輕視。楊宜上任時倭據陶宅，官軍久無功，文華遂劾楊宜。三十五年正月，文華還京後請罷楊宜而以宗憲代其職。⑧會御史邵惟忠上江浙失事的情狀，宜遂失位閒住，故宜之擔任總督亦僅半年而已。至宜之得禍較輕，實乃諂事文華使然。

當文華還抵北京時，與嚴嵩等欲以胡宗憲繼楊宜職位，⑧吏部尚書楊默獨推用兵部侍郎王誥。因此，文華乃言默與張經同鄉而欲謀報復，且又言默誹謗，默遂為所陷而瘐死獄中。⑧於是宗憲為兵部侍郎兼總督職務，張景賢代曹邦輔為蘇松巡撫，阮鶚接宗憲職為浙江巡撫。

宗憲在擔任總督之前，即鑒於倭寇難除，爲謀釜底抽薪之計，而與文華商議遣人赴日招諭渠魁王直。王直之聽撫自日回國，被捕下獄，則爲三十七年八月之事。其間，宗憲曾用反間計消滅倭首徐海、陳東、麻葉諸人。惟江浙地區的倭寇之所以歛迹，係在王直被捕以後，其餘黨將據點南徙至閩、廣使然。所以江浙雖然平定，閩、廣卻騷然多故矣！

〔註釋〕

①：《明史》，（臺北：鼎文書局，標點本），卷三二二，〈日本傳〉。
②：徐學聚，《嘉靖東南平倭通錄》（臺北：廣文書局，民國五十六年十月），卷首語。（收錄於《倭變事略》）。
③：同註①。
④：同註②。
⑤：《明世宗實錄》（臺北，中央研究院歷史語言研究所，影印本），卷三八七，嘉靖三十一年七月辛巳朔己亥條。《明史》，卷二〇四，〈王忬傳〉；卷三二二，〈日本傳〉。參看本書〈王忬與靖倭之役〉，頁三五～七四。
⑥：《明史》〈日本傳〉。
⑦：王忬，《御史思質王公奏議》（明隆慶間刊本），卷六，〈懇乞築城以保固地方疏〉；卷八，〈建築城垣以固海防疏〉。
⑧：《明史》，卷二〇五，〈張經傳〉。

⑨：同前註。

⑩：同前註。

⑪：《明世宗實錄》，卷四一〇，嘉靖三十三年五月庚子朔丁巳條。《明史》〈張經傳〉、〈日本傳〉。談遷，《國榷》(北京，中華書局本)，卷六一，世宗嘉靖三十三年五月庚子朔丁巳條。

⑫：《明世宗實錄》，卷四一〇，嘉靖三十三年五月庚子朔丁巳條。《明史》〈明本傳〉。《國榷》將李逢時、許國前往山東募兵之事繫於同月壬子（十三日）。惟張經之總督軍務既在六月庚子朔丁巳（十八日），而朝議又於同日決定將在山東所募民兵聽經調度，則談遷所記李、許二參將赴山東之日期疑為丁巳之誤。

⑬：《明世宗實錄》，卷四一〇，嘉靖三十三年五月庚子朔甲子條。談遷，《國榷》，卷六一，同年月日條。

⑭：《明世宗實錄》，卷四一一，嘉靖三十三年六月庚午朔庚辰條。

⑮：《明世宗實錄》，卷四一一，嘉靖三十三年六月庚午朔甲申條。徐學聚，《嘉靖東南平倭通錄》，同年月日條。

⑯：《明世宗實錄》，卷四一二，嘉靖三十三年七月己亥朔丙午、乙卯條。徐學聚，《嘉靖東南平倭通錄》，同年七月條。

⑰：《明世宗實錄》，卷四一二，嘉靖三十三年七月己亥朔乙丑條。各本《實錄》雖均記載「調狼兵五十人」，但按當時情勢觀之，其所欲募之兵應不止五十人。若果為五十人，實不需派兩位參將前往招募。《國榷》，同年日月條所記載之人數為五千，故《實錄》所紀五十人疑為五千人之誤。

⑱：《明世宗實錄》，卷四一三，嘉靖三十三年八月己巳朔癸未條。徐學聚，《嘉靖東南平倭通錄》，同年八月條。談遷，《國榷》，卷六一，同年月日條。

⑲：《明世宗實錄》，卷四一三，嘉靖三十三年八月己巳朔庚寅條。徐學聚，《嘉靖東南平倭通錄》，同年八月條。

⑳：《明世宗實錄》，卷四一七，嘉靖三十三年十二月丁卯朔甲戌條。如據《國榷》，卷六一，同年十月戊辰朔壬申條的記載，李、許二參將至京後被論死。
㉑：《明世宗實錄》，卷四一二，嘉靖三十三年八月己巳朔乙未條。徐學聚，《嘉靖東南平倭通錄》，同年八月條。
㉒：《明世宗實錄》，卷四一四，嘉靖三十三年九月己亥朔己酉條。
㉓：采九德，《倭變事略》（明天啓四年海鹽原刊本，鹽邑志林之一），卷二，嘉靖三十三年九月二十一日條。
㉔：《明世宗實錄》，卷四一五，嘉靖三十三年十月戊辰朔癸未、丙申條。鄭若曾，《籌海圖編》（四庫全書本），卷五，〈浙江倭變紀〉，嘉靖三十三年十月條；卷一〇，〈遇難徇節考〉，同年月條。
㉕：采九德，《倭變事略》，卷二，嘉靖三十三年十月二十五日條。
㉖：《明世宗實錄》，卷四一六，嘉靖三十三年十一月戊戌朔壬戌條。談遷，《國榷》，卷六一，同年月日條。
㉗：同前註書，卷四一七，嘉靖三十三年十二月丁卯朔辛巳條。
㉘：同前註書，卷四一八，嘉靖三十四年正月丁酉朔乙丑條。
㉙：同前註書，卷四一七，嘉靖三十三年十二月丁卯朔丁亥條所紀兵部尙書聶豹之言。
㉚：采九德，《倭變事略》，卷三，嘉靖三十四年春正月初三日條。
㉛：同前註書，卷三，嘉靖三十四年春正月初九日條。
㉜：同前註。
㉝：同註㉚，嘉靖三十四年春正月二十三、二十四日條。
㉞：《明世宗實錄》，卷四一九，嘉靖三十四年二月丙寅朔庚辰條。

㉟：同前註。

㊱：同前註。

㊲：同前註。

㊳：同前註。

㊴：同前註。

㊵：同前註。

㊶：同前註。

㊷：同註㉝。

㊸：同前註書，卷四一九，嘉靖三十四年二月丙寅朔丙戌條云：「遣工部右侍郎趙文華祭告海神，並察視江南賊情。初，文華條陳禦倭便宜，首請遣大臣祭東海。至是，禮部覆如其言。」談遷，《國榷》，卷六一，同年同月庚辰條則云：「趙文華至松江，上得勝江祭海，文曰：起東方逋逃，猖狂戕我華人，傷我稼穡，自丑逾寅。今己卯歲，天子震怒，遣祀有敕，有文龍章，有禮秩秩，有鬼有神。神不可測，期祐王師，元功是即。殄彼腥膻，神功有賴。海宇肅清，神德維大。」

㊹：《世宗實錄》，卷四二〇，嘉靖三十四年三月丙申朔丁未條，徐學聚，《嘉靖東南平倭通錄》，嘉靖三十四年三月條。

㊺：采九德，《倭變事略》，卷三，嘉靖三十四年三月十二日條。談遷，《國榷》，卷六一，同年四月乙丑朔癸未條云：「永順宣慰司官舍彭翼南，保靖宣慰使彭藎臣各兵三千人，致仕宣慰司使彭明輔等兵二千人，俱至松江。」

㊻：《明世宗實錄》，卷四二一，嘉靖三十四年四月乙丑朔辛未條。徐學聚，《嘉靖東南平倭通錄》，同年月日條。

㊼：釆九德，《倭變事略》，卷三，嘉靖三十四年四月初九日條。

㊽：徐學聚，《嘉靖東南平倭通錄》，嘉靖三十四年四月條。《明世宗實錄》，卷四二一，「嘉靖三十四年四月乙丑朔辛未」條云：「柘林賊過金山衛。總兵官俞大猷，遊擊白泫以田州兵擊之，敗績，賊遂犯浙江。」

㊾：同註㊼。

㊿：鄭舜功，《日本一鑑》（商務印書館據古鈔本影印本，民國二十八年），〈窮河話海〉，卷六，〈流逋〉條註云：「嘉靖辛亥（三十年），（徐）海聞叔誘倭市列（瀝）港，往謁之，同行日本。」

51：同前註書，〈海市〉條云：「徐銓即徐惟學，一名碧溪。」嘉靖《寧波府志》〈海防署〉則云：「徽州姦民王直、徐惟學即徐碧溪，先以鹽商折閱，投入賊夥。」

52：萬表，《海寇議後》云：「五峰（王直）以所部船多，乃令毛海峰、徐碧溪、徐元亮分領之。」

53：鄭舜功，《日本一鑑》，〈窮河話海〉，卷六，〈流逋〉條云：「壬子（三十一年），……賊首徐海，誘倭入寇浙海，自是浙海倭寇漸衆。」

54：同前註書，〈流逋〉條註。

55：鄭若曾，《籌海圖編》，卷八，〈寇踪分合始末圖譜〉。鄭樑生，《明代中日關係研究》（臺北，文史哲出版社，民國七十四年三月），頁四一三。

56：《明世宗實錄》，卷四二一，嘉靖三十四年四月乙丑朔戊子條。談遷，《國榷》，卷六一，同年月日條。

57：康熙甲子（二十三年）《吳江縣志》，卷二二，〈武略〉。

58：鄭若曾，《籌海圖編》，卷九，〈大捷考·平望之捷〉條。

59：同前註。又，談遷，《國榷》，卷六一，世宗嘉靖三十四年五月甲午朔條亦云：「柘林倭四千餘人，流掠李塔匯張莊小崑山，趨泖湖而北，保靖宣慰使彭藎臣追之，抵蘇州六涇壩，突犯嘉興。總督張經以參將盧鏜往。保靖宣慰使彭藎臣戰石塘灣，敗之。走王江涇，急擊，又大敗之，斬千九百八十餘級，奔溺甚衆。自倭患來，東南戰功爲最。」

60：谷應泰，《明史紀事本末》（徐松節錄並補論，清徐松手寫本），卷五五，〈沿海倭亂〉。

61：同註58。

62：鄭若曾，《籌海圖編》，卷九，〈大捷考‧陸涇之捷〉條。

63：同註57。

64：東蘭，在廣西百色縣東北五百七十里，古蠻洞地。宋置羈縻蘭州，元改稱東蘭州。明屬廣西省慶遠府。故城在今治東南，清屬廣西省慶遠府。民國元年一月改稱爲縣。三年六月，劃屬廣西田南道。

65：《明史》，卷二〇五，〈張經傳〉。

66：《明世宗實錄》，卷四二二，嘉靖三十四年五月甲午朔戊戌條。

67：同前註書，同年月壬寅條。屠仲律所謂用兵不善之十弊，請參看本條之記載。徐學聚，《嘉靖東南平倭通錄》，同年五月並見此事。

68：同註66所舉書，同卷，同年月甲辰條。又談遷，《國榷》，卷六一，同年月日條。

69：同註66所舉書，同卷同年月乙巳條。《國榷》，卷六一，同年月日條。

70：同註66所舉書，同卷同年月己酉條。

⑺：同註65。

⑺：許重熙，《嘉靖以來注略》（明崇禎六年序刊本），卷四，嘉靖三十四年夏四月條。

⑺：《明史》〈張經傳〉、〈李天寵傳〉、〈胡天憲傳〉、〈趙文華傳〉。鄭樑生，《明代中日關係研究》，頁三九一。

⑺：《明世宗實錄》，卷四二二，嘉靖三十四年五月甲午朔癸丑條。徐學聚，《嘉靖東南平倭通錄》，同年月條。

⑺：同前註。又，許重熙，《嘉靖以來注略》，卷四，嘉靖三十四年夏四月條。

⑺：同前註。

⑺：同前註。

⑺：同前註書，卷四二四，嘉靖三十四年七月癸巳朔丁巳條所錄張經〈自理疏〉。又，徐學聚，《嘉靖東南平倭通錄》，同年月條。

⑺：同前註。

⑻：《明史》〈張經傳〉。又，同書〈李天寵傳〉謂：「隆慶初復經官，諡襄愍。」

⑻：《明史》，卷二一二，〈湯克寬傳〉。

⑻：談遷，《國榷》，卷六一，世宗嘉靖三十四年五月己酉條所記談遷之按語。

⑻：《明史》，卷二〇五，〈楊宜傳〉。

⑻：夏燮，《明通鑑》，卷六一，〈紀〉，六一，世宗嘉靖三十五年二月條。許重熙，《嘉靖以來注略》，嘉靖三十五年春正月條。

⑻：同前註。

胡宗憲與靖倭之役

——一五五五～一五五九——

一、前言

自從浙江巡撫朱紈因嚴厲執行海禁，引起閩、浙勢豪之家的通倭者之不安忌恨，於嘉靖二十七年（一五四八）被出身閩地之巡按御史周亮，給事中葉鏜等人所搆陷而失位、自盡①之後，明廷不但不復設巡撫，反而撤備弛禁，盡撤天下鎮守中官，致東南沿海居民之干犯海禁，鋌而走險者遂操其利。而一般民衆之好亂者又相率從倭，故倭氛日劇。②在此情形之下，明廷曾於嘉靖三十一年七月，命巡撫山東僉都御史王忬提督軍務，巡視浙江及福、興、漳、泉四府，征剿倭寇。③惟因當時渠魁王直、徐海等肆虐江浙沿海郡縣，縱横來往，如入無人之境，而忬又不能有所爲，致爲御史趙炳然所劾，但爲世宗所宥，改撫大同。④三十三年六月，右僉都御史李天寵代忬巡撫浙江，復命南京兵部尚書張經總督軍務。經「任總督半載，前後俘斬五千」⑤，表現不惡。

經擔任總督而方徵兵四方及狼、土兵，協力進剿倭寇之際，工部右侍郎趙文華適至江南祭告海神，因察賊情。⑥經以自己位居文華之上而心輕之，文華不悅。當經所徵調之狼兵至江南，稍有斬獲功，文華即以爲他們可用而厚犒，使之巡剿倭寇。然至漕涇戰敗，亡頭目十四人。文華恚，乃屢促經進兵。但經認爲軍機貴密，顧慮文華與巡按浙江御史胡宗憲等人佻淺，恐其洩漏師期，⑦故未向他們表明自己計畫。文華益怒，竟劾經養寇失機。文華之疏方抵京，經在王江涇之役⑧的捷報亦至，但文華竟攘其功，言此係他與宗憲合謀督兵，擐甲致捷。世宗大怒，即下詔逮經而經竟被論死，以兵部右侍郎周琉繼其職。文華復疏劾不阿諛奉承他的浙江巡撫李天寵，加以莫須有之罪名，而薦宗憲代天寵職，天寵亦論死。宗憲擔任浙江巡撫後，覬覦周琉職位。琉任巡撫期間表現平庸，文華遂又劾琉而薦宗憲，然其意見未被採納。⑨

琉在官僅三十四日，即由南京戶部侍郎楊宜繼其職，時在嘉靖三十四年六月。當時倭勢猶盛，宜爲總督，文華督察軍務，威出宜之上。因此，易置文武大吏，全憑文華愛憎。⑩宜懲張經、李天寵之因不阿諛奉承文華而得禍，遂事事曲意聽從於他，致爲文華所輕。宜任總督期間，官軍剿倭久無功，文華遂劾宜。⑪三十五年正月，文華還朝，請罷宜，復薦宗憲代其職。及御史邵惟中疏報剿倭部隊失事情狀，明廷方免宜職務，不過宜之在位亦僅踰半年而已。二月，宗憲終獲總督職位，阮鶚巡撫浙江。⑫

宗憲上任後，以離間計分別擊潰渠魁徐海、陳東、麻葉（葉明），並且遣蔣洲、陳可願赴日招降王直，將直下按察司獄、處死。直被捕後，其餘黨自舟山徙至福建泉州之浯嶼。結果，非僅兩浙人民多罹其殃，其災禍更及閩、廣。

宗憲之爲人固有可議之處，然其靖倭之功不可沒，故本文擬以其靖倭始末爲探討重點，考察明廷剿倭之實情。

二、巡按浙江　征剿倭寇

胡宗憲，字汝貞，安徽績溪人。嘉靖十七年（一五三八）進士。歷知益都、餘姚二縣。擢御史，巡視宣、大。巡視宣、大期間，世宗曾下詔遷徙大同左衛軍於陽和、獨石，故士卒群聚大譁。宗憲獨騎前往慰諭，答應不遷，軍心乃定。⑬

三十三年六月，浙江巡撫王忬被罷，右僉都御史李天寵繼其職。天寵蒞任之初，倭掠紹興，即遣軍予以殲滅。不久，倭賊復犯嘉善，圍嘉興，劫秀水、歸安。副使陳宗夔與賊戰，失利，百戶賴榮華中礮而亡。嘉善知縣鄧植棄城逃走，賊遂入城大掠。⑭賊更陷崇德，攻德清，殺裨將梁鶚等。⑮因天寵平日不阿諛文華，文華遂趁此毀謗天寵嗜酒廢事，故世宗降敕除天寵名，擢宗憲代其職。未幾，御史葉恩以倭寇蹂躪北新關，疏劾天寵。宗憲落井下石，亦言其縱寇。結果，世宗怒下詔敕，捕天寵下獄。⑯

三十三年五月，張經以南京兵部尚書不解部務，總督江南、江北、浙江、山東、福建、湖廣諸軍。蒞任之初即徵四方兵及狼，土兵，協力進剿倭寇。同年十一月，明廷以兵科之言，改經爲右都御史兼兵部右侍郎，專辦討賊。於是經乃每日選將練兵，謀畫搗賊巢之計。⑰經鑒於前此由參將李逢時、許國所募山東兵不能用，⑱欲俟其所徵調之狼、土兵至方纔進擊。迄至三十四年三月，廣西田村土司岑彭之妾瓦氏所率兵先至浙江而欲速戰，但不爲張經所同意。⑲及至東蘭諸兵相繼到來，經乃以瓦氏兵隸屬總兵俞大猷，以東蘭、那地、南丹兵屬遊擊鄒繼芳，以歸順、思恩、東莞兵歸參將湯克寬，分屯金山衛、閔港、乍浦，三面掎賊，以待永順、保靖兩地之兵至江南會合，協力進剿。⑳張經擔任浙江總督的嘉靖三十三年五月前後，倭寇已相當猖獗，至三十四年則更爲跋扈。《明史》〈日本傳〉云：

> 明（三十四）年正月，賊奪舟犯乍浦、海寧，陷崇德，轉掠塘棲、新市、橫塘、雙林等處，攻德清縣。

如據鄭若曾《籌海圖編》，卷八，〈寇踪分合始末圖譜〉的記載，此賊爲徐海之同夥。有關徐海之來歷容於下節叙述，先言其寇掠情形。

由徐海所率領之日本和泉、薩摩、肥前、肥後、津州、對馬之倭寇，於本年正月朔，與以柘林爲巢之倭賊數千，乘歲除，地方無備，出沙口，焚掠而行，於犯乍浦、海寧後，向西犯崇德。崇德因初築城未就，初九日被攻陷，執一儒學官，一縣尉，咸予殺害。縣尹惶懼，急踰城出，折臂傷足，扶避村落民家。賊所寶在絲綿，入葉序班家，見絲綿倉庫廣闊，踊跳而喜。獲鄉官太守姚汝舟，刧其家衆，用千金贖還。姚既脫虎口，憤怨官兵逗留不進，乃赴軍門控訴，軍門始督兵進剿。二十三日，先兵丁總戎之兵方準備膳食，會大風起，賊冒吾民服色至軍前紿曰：「寇至矣！」兵剛卸下戎裝，放置武器待食，聞此言，即錯愕而視。賊伏起掩擊，官軍大潰，傷亡千餘人，由是賊勢益振。掠入雙林，出南潯。湖兵熟於水戰，邀擊之，獲得相當戰果。賊棄輜重二十餘舟，復抵杉青。次日，嘉興兵與賊戰，止獲四賊而喪師三千，沒官十二員。賊得勝，復還柘林。㉑

柘林倭，又轉掠塘棲、新市、橫塘、雙林等處，復攻德清縣。殺把總梁鶚，指揮周奎、孫魯，百戶陸陵、周應辰，副理問、陶一貫等。㉒巡撫李天寵，束手無策，惟募人縋城，自燒附郭民居而已。張經當時駐嘉興，援兵亦未及時到來。副使阮鶚，僉事王詢，竭力防禦，僅免失陷。㉒二月一日，犯平湖，置長梯攻城。城上落大石，殺數賊。賊奔逃，轉掠嘉興府。《籌海圖編》卷五，〈浙江倭變紀〉所言：

> 二月，攻嘉興府——賊掠湖州而回，復攻府城。

即與此相對應之文字。

三月，總督張經所調集之瓦氏等客軍先後抵達，而新場、下沙及閘港、川沙之賊攻上海；柘林賊則一再攻金山，但經不輕易出師。《金山倭變小誌》所謂：

> 三十四年乙卯，三月辛丑，總督張經以田州瓦氏兵屬俞大猷，守金山。

即相當於此。采九德《倭變事略》記載瓦氏兵云：

> 三月十二日，廣西田村瓦氏兵暨白都閫、湯（克寬）、盧（鏜）二總戎，羅（拱辰）、任（環）

> 二兵憲，丁（僅）、樂二總戎諸兵入城，以吾（海）鹽爲吉方往鎭一帶沿海要地，兵號二十四萬，屯金山，搗賊巢。賊聞之懼，堅壁不敢出。

「兵號二十四萬」固爲誇大之辭，但於賊之四周配置官兵，則是事實。

> 四月八日，諸帥揚兵出哨，遇賊，擊殺九賊而覆兵三百。明日，瓦氏姪恃勇獨哨。賊復掩擊，瓦氏姪殺六賊而人馬俱斃。是時官軍大會哨，哨兵兩戰不利，賊復鼓氣攻侵；官軍運餉薪魚鮝至張堰，掠去三十六舟，獲糧二千餘石。張經復移文各縣，備乾糧及役夫，往金山刈麥，以便擒賊。十七日，發刈麥夫二百名，及黏米二十石，麵二百斤，送金山。㉓
>
> 二十一日，賊分一支，約二三千，南來金山。白都司率兵迎擊。白被圍數重，瓦氏奮身獨援，縱馬衝擊破重圍，白乃得脫險。㉔二十三日，賊自金山戰後，歷乍浦，次海鹽，至礮頭門。聞澉浦火炮連聲不絕，復轉由海鹽城西官塘抵璵城。㉕

如據《籌海圖編》，卷九，〈大捷考·王江涇之捷〉條的記載，三十四年正月聚集在柘林的倭賊，其數已增至萬餘人，不時出掠嘉善等處。迄至四月，賊首徐海、麻葉等探知將調嘉杭兵前往松江搗其巢，乃率衆數千人，水陸並進，聲言先攻嘉興，次及杭州。當時巡撫李天寵留守杭州，總督張經在華亭，無兵可恃，軍民洶洶，極爲恐懼。巡按御史胡宗憲正好巡視浙東台州、溫州諸郡，得倭賊大舉出動之消息後連日夜馳往嘉興。會賊從嘉善來，其前驅迤邐逼進城外，軍民益恐。㉖宗憲認爲卻敵之道，攻謀勝於角力，且鑒於自己所率兵員有限，遂採用毒之計。上舉〈王江涇之捷〉云：

(胡宗憲)公曰：兵法：攻謀爲上，角力爲下。矧又無兵，乃密屬吏取酒百餘甖，鑽其顚，投以毒劑，塞如故。載兩船，選兵卒機警而猛者，假冠服，持赤牘坐船上，稱解官，解酒餉軍，載向賊所從道，見賊則褫去冠服走。賊信不疑，馳報諸酋長。酋長得酒大歡，相率高會痛飲，率多死。已，又令村市酒家皆入毒甕中，約償以直；民所有米，漬藥水淅而遺之。賊往往爭取飲啜，輒又死。

亦即宗憲未損一兵一卒而以毒酒、毒米毒死不少倭賊。然賊黨尙多，官軍勢寡且恇怯。適逢保靖宣慰司使彭藎臣所領土兵數千人至，可以調遣。宗憲策其恃勇犯忌，乃使人轉告謂：賊善用埋伏，且知分合，官兵常被其引誘。宜分奇、正、左、右翼攻擊，防其突出。然藎臣不聽，乘銳直往前進而果然遇伏，墮賊計，挫於城南之石塘，方始大悔，遂有潰志。遠近震駭，大失所望。㉗因此，宗憲甚以爲憂，認爲如此則我技必窮，乃親往軍營宣諭，並予慰勞。云：

勝負，兵家常事，惡足介介？凡爾所以僨者，以不知地利中其伏。我聞賊酋多死，衆絲棼無紀，且久不得食，息瑕可攻，若等無畏。㉘

並且又因見士兵多無被服與器械，乃使人悉索諸質肆估衣分發，且加賜錢帛、牛酒、飲食，更召集金、木工晝夜繕造器具，懸重賞。因此，苗兵感激思奮。至此，宗憲認爲藎臣之兵已可用，乃指畫石塘地形之曲折，令其從三面夾擊倭賊。藎臣根據宗憲之策略作戰，賊果戰敗，北走平望。然平望有苗兵營而賊不知，會總督張經自松江兼程來視師，而永順宣慰司官彭翼南復從泖湖西出，宗憲又與督察趙文華把參將盧鏜部署於此以激勵，更躬擐甲胄，徑馳馬趨出，四面合圍倭賊，軍威遂大振。賊大沮，還走王江涇。賊既連疲於奔逃，又餒且病，殆無統紀，遂大潰不支。土兵與官軍乘之，斬首二千餘級，溺水死者不可勝數。㉙對此次戰役，最能把握其攻防情勢及勝利意味者爲《世宗實錄》。云：

> 柘林倭，合新倭四千餘人，突犯嘉興。總督強（張）經分遣參將盧鏜等，督粮（狼）、土等兵水陸擊之。保靖宣慰使彭藎臣，與賊遇于石塘灣，大戰，敗之，賊遂北走平望。副總兵俞大猷，以永順宣慰司官舍彭翼南兵邀擊之，賊奔回王江涇。保靖兵復擊急（急擊）其後，賊之（遂）大潰。諸軍共擒斬首功凡一千九百八十人有奇，溺水及走死者甚衆。餘賊不及數百，奔歸柘林。㉚

並以「自有倭患以來，東南用兵未有得志者，此其第一切（功）云」作結語。宗憲在此役中雖有上述之貢獻，但在整個作戰過程中只不過佔其中之一小部分而已，如非張經把握整個戰局，調度有方，亦無以致之。然文華不僅盡掩經功以歸宗憲，竟又疏劾其養寇糜財，屢失進兵機宜。且惑於湯克寬之言，欲俟寇飽載出洋，以水兵掠餘賊，藉以報功塞責，故宜亟治，以紓東南大禍。結果，經遂得罪，落職而死。㉛經失位後，由周琉、楊宜等人先後繼其職。

宗憲在王江涇之捷後，復與副使董士弘，僉事王詢統率浙兵；參政任環，知府林懋舉則以直隸兵；三店則由推官劉泉率領鄉兵，會擊自王江涇逃至平望之賊。賊因腹背受敵，大敗而走松江，至三店。官軍邀擊之，斬首七百有奇，中毒死者千餘人。㉜

在另一方面，因柘林倭移屯陶宅，蘇松巡撫曹邦輔乃於八月間檄僉事董邦政，把總婁宇，以沙兵擊滅滸墅關倭寇。㉝惟文華欲攘功不得而大恨，見調兵四集，言陶宅寇乃柘林餘孽，可取。宗憲聞之，因大言：「寇不足平」，以悅其意。文華、宗憲遂悉簡浙兵精銳，得四千人，並親自率領，營於松江之磚橋，因約邦輔以直隸兵會剿。定期浙兵分三道，直兵分四道，東西並進。賊悉銳衝，作殊死戰，浙江諸營皆潰。官兵擠沉於水，及自相蹂踐，宗憲兵死者千餘。文華令副使劉燾攻之，復大敗。而倭犯浙東諸州縣，殺文武官員甚多。文華始知賊不易剿滅，即有歸志。及十一月，川兵破周浦賊，俞大猷復有海洋之捷，文華遂遽言：「水陸成功，江南清晏。臣違闕日久，請歸供本職」，而請求回京。宗憲乃與文華定招撫計。文華還朝，㉞極言詆毀總督楊宜而薦宗憲。宗憲遂以兵部右侍郎身分代宜擔任總督。㉟

三、擔任總督　消滅徐海

趙文華於三十五年正月返抵北京，當時雖然所在皆有倭寇，竟向世宗報告所剩無幾，且又極力詆毀楊宜。及御史邵惟忠上奏浙江剿倭失敗情形，及巡按御史周如斗以此敗彈劾楊宜與曹邦輔，明廷遂革宜職，令其回籍閒住，邦輔奪俸戴罪殺賊。㊱趙文華與大學士嚴嵩欲以宗憲代宜，吏部尙書李默獨推用兵部侍郎王誥。故文華乃言默與張經同鄉而欲謀報復，且又言默誹謗，默遂爲所陷而瘐死獄中。㊲於是宗憲爲兵部右侍郎，兼總督職務，張景賢代邦輔爲蘇松巡撫，阮鶚接宗憲職爲浙江巡撫。㊳

前文已說，徐海一夥於嘉靖三十四年正月蹂躪浙江沿海各府州縣，軍民被害極慘事。海之來歷不詳，惟他之被目爲渠魁事，可由南京都御史金澗於建議懸賞俘馘賊首時，將其列爲僅次王直者而言之：「有斬獲黨酋如明山和尙輩者，授指揮僉事，賞銀三百兩」㊴，獲得佐證。

徐海乃徐銓之姪，與胡宗憲，王直同爲徽州歙縣人，年少出家，爲杭州大慈山虎跑寺僧，還俗時間不詳。如據鄭舜功《日本一鑑》〈窮河話海〉，卷七，〈流逋〉的記載，則其投身海寇的時期似爲嘉靖三十年其叔銓來市瀝港而與之偕往日本之際。㊵徐銓即徐惟學，又名碧溪，原爲鹽商，因生意失敗而加入走私行列。㊶〈窮河話海〉，卷六，〈海市〉嘉靖二十九年條云：

> 本年徐銓等勾引倭夷，俱市長途。

由此觀之，徐銓係在朱紈失位，明廷撤備弛禁之際從事走私的。萬表《海寇議後》云：

> 五峰（王直）以所部船多，乃令（義子）毛海峰、徐碧溪、徐元亮等分領之。

碧溪，原爲渠魁王直之黨羽，不出數年，其姪海竟被明朝當局目爲僅次於直之私梟。徐海何以能在極短時間裏頭角峥嶸，叱咤倭寇世界，可從前引〈流逋〉之記載看出其一豹。云：

> 日本之夷，初見徐海，謂中華僧，敬猶活佛，多施予之。海以所得隨繕大船。明年壬子（三十一年），誘倭稱市於列（瀝）港。

亦即徐海係獲日本信徒之布施而得繕其從事貿易所需之大船，並於獲船之同年來市瀝港，㊷亦即海之首次來市瀝港，係在他赴日後第二年，而他之第二次偕倭人入寇浙直，則爲嘉靖甲寅（三十三年），胡宗憲以毒劑酖殺倭寇於王江涇之時。海首次入寇後似已不再屈居王直之下而與之分道揚鑣。因爲：

時銓與王直奉海道檄，出港拏賊送官，而海船倭每潛出港，劫掠接濟貨船。遭劫掠者，到列港復遇劫掠賊。倭陽若不之覺，陰則尾之，識爲海船之倭也，乃告王直。直曰：我等出港拏賊，豈知賊在港中耶？隨戒海。海怒，欲殺王直；而銓亦復戒海，乃止。㊸

王直、徐銓之交惡可能即在此時，故此後便無王、徐一起行動之紀錄。由此觀之，徐海首次入寇時不僅劫掠江浙沿海居民，就連與其同來之伙伴亦不放過，致激起王直之怒而不復見用。

由上舉文字可知，海之第二次入寇在嘉靖三十三年，《籌海圖編》、《日本一鑑》等書以徐海一夥來紀錄倭寇攻掠沿海府州縣，即自本年正月以後，而海就在同年八月以後已有獨立組織，亦即賊首蕭顯等五月敗於浙江，就滅於慈谿之後。前舉〈寇踪分合始末圖譜〉記載，海之勢力強大到能夠分踪出掠的時期在三十四年四月，距其成爲賊首，僅年餘而已，故其一夥之勢力的擴大頗爲神速。不過他再度入寇時，其部下於四月爲官軍擊敗於王江涇，傷亡慘重。而前引《世宗實錄》的記載即相當於此。

徐海在王江涇受重創後仍繼續寇掠，胡宗憲曾於八月王沛候其遁去之際予以攻擊，始將從其柘林舊巢移至陶宅。

當徐海於三十四年大舉入寇之際，其弟弘光自廣東附渠魁許二（棟）之船至日本見他，告以叔父銓爲廣東官兵所滅。因此，海乃於明年糾結日本九州南方種島之人助才門即助五郎，薩摩夥長掃部日向彥太郎、和泉細屋，凡五六萬人，船千餘艘，欲往廣東爲銓報仇。㊹《世宗實錄》以爲銓在往廣東從事走私後要回潮州的海上，受到指揮黑孟陽的追擊而沉溺於海。由於銓在生前曾告貸於大隅地方的人士，故銓死後，乃要海代其叔償債。海爲償債，遂率夷酋新五郎出掠浙江沿海郡縣，並欲爲銓報仇。嘉靖《浙江通志》，卷六〇，〈經武志〉記載其間經緯云：

> 先是，劇賊徐惟學（即徐碧溪）以其姪海（即明山和尚）質於大隅州夷，貸銀數十兩使用。……而惟學竟爲守備黑孟陽所殺。其後，夷索故所貸金於海，令取償於寇掠。至是，海乃與夷酋新五郎聚舟結黨而來。衆數萬，寇南畿、浙西諸路。

惟當以大小船千餘來寇時，曾在中途遇惡風，返其本國薩摩者不少。㊺但以海爲首之賊二萬餘，於三月下旬抵大陸。㊻在此一時期寇掠大陸沿海州縣者雖未必都是徐海之徒黨，但如翻閱《籌海圖編》、《世宗實錄》、《明史》〈日本傳〉等文獻時，自可知海爲其主力。海既無法指揮與自己偕來之諸倭酋，又完全爲倭夷而使其劫掠祖國，故似有自責之念。茅坤《紀剿除徐海本末》，卷首云：

> 嘉靖丙辰，徐海之擁諸倭奴而寇也，一枝向海門，入略淮揚，東控京口；一枝由淞（松）江入掠上海；一支由定海關入略慈谿等縣，衆各數千人。而海自擁部下萬餘人，直逼乍浦而岸。岸則破諸舟悉焚之，令人人各爲死戰。又導故寇柘林者陳東所部數千人與俱，併兵攻乍浦城，蓋四月十九日也。

亦即海之率萬餘倭人攻乍浦城，是在三十五年四月，其同夥有陳東等人。如據〈寇踪分合始末圖譜〉的記載，則東爲薩摩藩主之弟掌書記之倭酋。上舉《紀剿除徐海本末》又云：

當是時，朝庭（廷）方奪故總督（楊宜），而新總督胡公（宗憲）自提督代之。甫八日，問幕府麾下，募卒僅三千人，俱孱弱不可用。故總督（張經）所徵四川、湖廣、山東、河南諸兵俱罷去，所爲緩急者，特容美士兵千人，及參將宗禮所籍河朔之兵八百人耳。南北諸倭酋不下數萬，諜者聲言他酋分掠江淮於越諸州郡間，以扼援兵。而海等當窟乍浦，下杭州，席卷蘇、湖，以脅金陵，氣恣甚。總督胡公力召諸司畫計。

此言官軍之陣容與海可能採取之步驟。更云：

無何，故提學院（阮）公（鶚）代胡公爲總督。檄未至，夜半聞乍浦圍，卷甲趨之。胡公亦分遣兵激浦、海鹽之間爲聲援，自引兵壁塘，兩相犄角。胡公居頃之，海頗聞新總督胡公，即故御史所嘗提兵督戰於鶯（逗）湖、王（江）涇之間而覆之者，氣稍沮，尋罷乍浦圍。

《倭變事略》則云：

（三十五年二月）二十六日，水陸賊合衆約萬餘，分寇各地。時賊首徐海、葉麻，覘知嘉、杭兵調松江擣巢，各地無兵可恃故也。海率衆先圍乍浦，壞民室爲臺，高於城。置薪臺上，覆以青麥，縱火焚之，煙噴入城。守卒不能立，城幾陷。兵憲劉公，躬督男婦運石擲下，賊稍不敢近。旬日外援不至，用健卒善水者，伏水從間道馳赴軍門請援兵。軍門擇四月四日出兵往援，竟愆期，幸賊自退。

城中孤立無援，情勢危急之際，海竟自解圍離去，則其當時心情實不難推知。海解乍浦之圍後，續掠海鹽、皀林、烏鎭等地。《嘉靖東南平倭通錄》同年同月條云：

倭萬餘，趨浙江皀林等處。游擊宗禮，帥兵九百人禦之於崇德三里橋，三戰俱捷，斬首三百餘級。賊首徐海等皆辟易，稱神兵。會橋陷，軍潰，禮與鎭撫侯槐、何衡，忠義官霍貫道等俱死之。賊乘勝攻桐鄉，不克。禮，驍勇敢戰，所部箭手三千人皆壯士。及是役，論者謂：兵興以來，用寡敵衆，血戰第一功。

《倭變事略》則云：

（四月）二十日，河朔兵有將軍宗禮，裨將霍貫道，調守嘉興。遇賊，戰於皀林，各有斬獲。賊敗去。二十一日，賊登樹而望，見宗等孤軍陷於水濱，且無他援，即縱兵掩擊之。師敗，二將死焉。

亦即宗禮、霍貫道等人雖奮勇殺敵，卻因孤立無援而遇害。禮等雖陷敗，然海等亦在此役負傷，因病創奪氣，故旋就宗憲之撫。㊼

海擊敗宗禮、霍貫道後乘勝圍桐鄉城。四月二十三日，提督阮鶚自入城中督師防禦，五月初旬請援於宗憲。然宗憲正擬用離間計使海降，故未遣援兵，而使前此遣往日本招撫王直甫歸之陳可願及蔡時宜、朱尙禮等人至海處，勸其投誠。且提出：「願歸者德，資之以舟；願降者留，封之以職」㊽之條件。《倭變事略》以陳可願爲蔣洲，然當時蔣洲尙在日本，故其所記載者並不確實。當時諸賊因所掠錙貨多，陸行則人無法搬運，水行則海不能渡過，計正坐窘，㊾所以可願等人所提條件適慰其欲。

而宗憲又：

疾走人諭（王直義子毛）海峰，因厚遺諜者，陰過徐海所。曰：直已遣子款定海關，朝廷固且赦之矣，若獨無意乎？新總督威名非曩時比，且仰體朝廷德意，推心置人腹，若不乘此時解甲自謝，他日必爲虜矣！㊿

因此，「海頗然其計，於是亦遣酋自謝，約罷圍去。」㊿惟當時與海同時來寇掠之陳東並未立刻首肯。《世宗實錄》云：

浙直總督胡宗憲，遣使至桐鄉，諭賊首徐海、陳東解圍。海聽命，歸我俘二百人。東不從，復留攻一日始退，屯乍浦。㊾

陳東雖不願就撫，卻因徐海解圍而不得不於一日後退卻。《倭變事略》記載徐海解桐鄉之圍以後之舉止云：

（五月）二十二日，賊解圍東行，留桐鄉凡二十九日，掠殘鄉市村鎭，凡數十里，輜重千餘舟。二十三日，賊經嘉禾，舟相屬二十餘里。二十四日，遇湖兵，戰而不勝，棄數十舟。蓋飽欲得志之時，惟營歸計，無心鬥格故也。

六月二日，賊遣使來，報告如約至海鹽南門。有司勞以酒食，送之軍門（胡宗憲）。十一日，賊獻錢燦首級於軍門。燦入賊黨，至此賊使至，因向其索討，賊乃斬他人首級，假冒燦首來獻，用致修好之意。十三日，軍門聞徐海生子彌月，乃送鑷工、樂人、持花紅、酒禮祝賀。十四日，海遣使來謝，蓋連和之始，互相愚弄云。[53]

十七日，賊遣使至各縣促速予運輸其貨物之船，並限於本月二十五日泊乍浦。二十五日，賊去乍浦看船設浮舖，南北相連十餘里。二十六日，麻葉部屬與海之部屬抵郡城催船。有司之向來負責戍守者佯不介意，開關放入。郡侯慰勞遣云：「船隻一時未備，姑且稍待。」諸賊信其言，還報，葉心益安。然賊徒之意在速歸，所以催船之使每日均到而無虛日。[54]

七月一日，各地羈收促船賊共數百，吳淞方面亦收之，俱爲徐海之力。兩日後，又用海計，收押麻葉等八賊；十四日，收押陳東等十三賊。當初宗憲收押麻葉時，令其修書致陳東，俟他們抵嘉興時予以逮捕。十八日，各酋餘黨見主佐均被擒，乃各自爲心，密營歸計，乘泊於海口之一二應官皦船，夜間候潮至，開洋風作，飄回海鹽龍王塘。賊約二百許，移輜上岸。羅中書欲擒，諸將恐驚動徐海，以爲不可，使其離去。賊回去報告徐海曰：「吾屬無患矣！」[55]

十九日，徐海取麻葉所遺金盔、銀甲，遣使送至宗憲處。宗憲以花幣犒勞，而以轎傘回贈，將其抬送至巢。翌日，請來會議，海猶豫不敢行。當時宗憲集合諸將問計，大家以爲征剿不如計取。於是復備船隻百餘，集海口以應其要求。並移文關會海兵船，俟賊行，扼其歸路。二十九日，宗憲出兵驅行。兵至，賊有去而遠者，有去而尚在海口者，有猶在海岸者，即奮擊斬首數百，獲其輜，毀其巢。

[56]《世宗實錄》將此事繫於二十五日，並於海就宗憲之撫，解桐鄉之圍，而東不得不從之後云：

於是東遂與海有隙。宗憲微知其情，乃乘間，急說下海，使爲内應。海許諾，即計擒東及其黨麻葉等百餘人以獻，而自帥其所部五百餘人離乍浦，別營梁莊。官軍遂圍乍浦巢，用火攻之。連戰斬首三百餘級，焚溺死者稱是。奪回被虜男女七百餘人。餘賊有遁入海者，指揮鄧城引兵追及之，沉其舟，無一人得還。㊼

八月一日，徐海入平湖城。前此兵備劉公欲放賊入，鄉士夫阻之。至此諸將議協限於本月二日進款，而海故示強梗，違期，先一日率其黨羽陣於外，自與部佐數十入城。《倭變事略》記載當時情形云：

諸官兵聯屬直抵各衙門，盛陳兵器，令賊縱觀，咸有畏色。及款四公，海頓首口呼：天星爺，死罪！死罪！趙尚書及二軍門慰遣之。緣海欲識總督，通事指之，海復款如初。總督手摩其頂，曰：毋更作孽。獨侍御趙公震怒不爲禮。謂：汝害我無數百姓，當服何罪？海俛首伏地久之，若有退避之狀。因開關放出，軍門令擇便地居之。㊽

在此所謂四公，即總督胡宗憲，工部右侍郎趙文華，浙江巡撫阮鶚，及巡按御史趙某。《紀剿除徐海本末》紀錄在此以後官軍所採之措施云：

海既出，諸公者固已忿恚海之列款，猶冑而入，屬屬脅無禮，又不及如諜故所期月日，而先日卒至也，其習行黠若是。於是闔謀不勒兵誅之，他日必爲患。計部下尚千餘人，猛鷙難即破，永保兵猶迤邐遠道未至也。於是佯令海自擇便地居之。海果自擇便地，得沈家莊，即戱沈家莊與居之。是爲八月八日。當是時衆復諠然譁，諸公輩何不撲滅海？不然，且縱之出海上，令自解去，顧豢虎以自禍也。不知諸公者固有待。於是胡公與尚書趙公，提督阮公，私自部署兵，又日夜遣使趣永保兵來會。兵來集，恐海驚，禍且肘腋間。胡公日遣諜詗海，且啗海如曩時。

海寓平湖沈莊後，遣使持書抵軍門，復乞降。且言：「願買此宅，及田三千畝爲贍，永願投降，不渝前盟。」其所以如此說，乃由於海在當時旣與各賊黨有仇，即使得以返回日本，也必爲各賊黨所襲擊，故欲寓中土。前此掠平湖時見沈莊高敞，遂予注意。十一日，海之歸計旣無法實現，又見水陸兵在各處嚴密警戒，始悟連和爲僞，又悔散黨勢孤，乃用計備辦酒席宴請鄰近居民，遍送飲劵。三四里間，以年高者先，但都不敢去。惟比鄰附居無法辭謝者只得前往。當日赴宴者共四十餘人，人設一席，殽核豐腆，結鄉鄰久處之盟，各贈席金而散。十二日，復設宴。於是遠近壯夫赴宴者二三百人。酒至三巡，出刀剪赴宴者之髮，以髠其首，咸劫爲用。㊾十五日，平湖守備官遣人邀海賞月，未赴。十六日，乍浦城遣使至海巢，海予拘留。十七日，宗憲遣使至，海並斬之，連和之路遂塞。十九日，海知自己危在旦夕，乃於深夜遣親信護送二愛姬出巢逃遁。然因麻葉之徒黨深恨海，夜間每伺於海巢側，故其二姬不得出。二十日，永順、保靖等兵進薄賊巢，擒四賊，俘至軍門。二十五日，海爲讎黨偪殺。二十六日，官兵殲滅所有徐海餘黨。㊿《世宗實錄》言徐海之黨被剿除後「浙、直倭悉平。」但此乃誇張之言，此後入寇之倭漸收斂，才是實情。

海以一緇衣起島上，僅僅五年之間，四處劫掠，百戰百勝，致明廷不得不遍徵海內諸名將，與之喋血吳越諸州郡間，卻未有俘其偏卒者。方其擁兵數萬人，分道而入，湛舟以戰，示無復還意，其氣勢實有欲吞江南而下咽之概。然而竟困於宗憲區區之餘卒之糾纏而狼狽，以自剪而死，實有如刲羊家然。61

宗憲以離間計使渠魁徐海與陳東、麻葉交惡，終於逐一消滅賊黨，而此種擒賊擒王之策略，也被用於招撫王直方面。因此，下文擬就其撫直之經緯作一番探討。

四、遣使赴日　招撫王直

王直被認爲是有明一代的倭寇王，當我們翻閱《世宗實錄》嘉靖三十六年有關日本之記事，或《明史》〈日本傳〉同年之記事時，可發現其大部分爲有關招撫王直者。故本節即根據那些記載，考察胡宗憲招撫他，並將其監禁於按察司獄之經緯。

如據萬表《海寇議後》的記載，王直爲安徽歙縣人，年輕時落魄，但有任俠氣。及至壯年，多智略而善施與，故爲人所宗信。在日後被目爲渠魁之葉宗滿、徐惟學、謝和、方廷助等人皆樂與交往，且鑒於中國法度森嚴，動輒觸禁，乃相與前往海外謀發展。《玄覽堂續集》則說他在嘉靖十九年（一五四〇）海禁尚弛時，與葉宗滿等人前往廣東建造巨大船隻，將帶硝黃、絲綿等違禁物品前往日本、暹羅、西洋諸國銷售，在短短五六年之間便成爲鉅富，使夷人大爲信服而稱他爲五峰船主，而《世宗實錄》、嘉靖《寧波府志》亦有相關記載。

有關王直渡日的年代，鄭舜功《日本一鑑》、鄭若曾《籌海圖編》、日本文之玄昌《鐵砲記》、木宮泰彥《日華文化交流史》諸書的記載不一，或謂嘉靖二十四年，或謂二十三年，或謂二十二年，或謂二十一年，故其正確年代不詳，然如據上舉各書之紀錄，則他之於嘉靖二十年代赴日，殆無疑慮。又如據《籌海圖編》，卷八，〈寇踪分合始末圖譜〉的記載，則他在嘉靖二十三年便已加入渠魁許棟踪，爲司納，爲棟領哨馬船隨貢使至日本交易，而當時之勢力還不大。不過二十三年並無日本貢使來華朝貢之實，故在此所謂貢使，應該是冒名之徒。㉖惟若與上述之事及直之生平推之，則他必與此僞使偕往日本貿易。在嘉靖二十年代，赴日貿易的中國人似乎不少，例如：

漳州民李王乞等，載貨通番，值颶風漂至朝鮮。朝鮮國王李懌捕獲三十九人，械送遼東都司。上嘉懌忠順，賜銀五十兩，彩幣四表裏。㉗

朝鮮國王李峘，遣人解送福建下海通番奸民三百四十一人。咨稱：福建人民故無泛海至本國者，頃自李王乞等始以往日本市易，爲風所漂。今又獲馮淑等前後共千人以上，皆夾帶軍器、貨物。前此倭奴未有火砲，今頗有之。蓋此輩闌出元，故恐起兵端，貽患本國。㉘

由此觀之，當王直前往日本貿易時，尙有不少中國人從事此一方面之生意，上述因遇颶風漂流至朝鮮國者只是其中之極少部分而已。

迄至嘉靖二十七年（一五四八），當許棟於舟山群島南端之六橫島的雙嶼港被浙江巡撫朱紈攻敗後即逃遁，直遂收其黨自作船主。同年，與徐惟學誘倭人私市馬蹟潭，二十九年則至定海縣東北之長途交易。㉙當時除直、銓至舟山群島貿易外，尙有盧七、沈九等人誘倭入寇，突犯錢塘，故浙江海道副使丁湛曾移檄給王直，言若拏賊投獻，則姑容其私市。⑯三十年，則更將其船停泊位於定海西方之金山島的列港（瀝港），捉拏被明廷目為渠魁之陳思泮（盼）投獻，惟龔十八一名碧溪則縱之，使他與自己一起從事貿易。直一方面捉拏陳思盼獻官，另一方面卻又放走龔十八，其此一作法可能在排除有礙自己事業發展者，以擴充自己在海上之勢力。直於三十一年將思盼獻官後，即併其一夥，擴充自己勢力。⑰於是他君臨倭寇世界，並與地方官勾結，蹂躪海上。黃宗羲《南雷文約》，卷三，〈蔣洲傳〉云：

嘉靖癸丑（三十二年），王直勾倭，入寇列港。直，歙人。母汪嫗，夢弧矢星入懷而生。長而與其徒入海，連巨舶，載硝黃、絲綿違禁諸器物，往來互市於日本、暹羅、西洋各國。貲累鉅萬，各島君長以下，並信服之，稱為五峰船主五峰其號。廣有賊首陳思盼者，不入直黨，直掩殺之，併其衆。由是海上之寇，非受直節制不能存，威名籍甚。尋招集亡命，據薩摩州（肥前）之松浦，潛（僭）稱徽王，置官屬三十六，號令島人。時時遣部下剽攻沿海郡邑，東南危動。

王直既被目為寇首而又一再寇掠沿海郡縣，明廷自非謀其對策不可。其治本辦法在於招撫。招撫王直之議始於王忬擔任浙江巡撫時。忬曾謂：

近聞積年渠魁如寧波之王直，福清之李大用，飄泊波浪，俱有首丘之思。但自知罪犯重大，狐疑莫決。若奉有明命，密遣親信招之，許其束身歸投，或擒獲別賊解官，待以不死，來則可收為用，不來可坐消狂謀，未必非制勝之一策也。⑱

但這種意見在當時並不爲人所注意。然至倭寇已相當猖獗的三十三年五月，當兵科給事中王國禎、賀涇，御史溫錦葵等人以倭寇猖獗，逼進留都而各上疏乞調兵給餉，及推選總督大臣，重其事權時，世宗將那些奏疏下兵部集廷臣商議。結果，遂訂如下之擒斬或招撫賞格：

有能擒斬首惡王直等者，授世襲指揮僉事，如直等誨罪，能率衆來降，亦如之。其部下量授世襲千百户等官，俱塡註備倭職事。⑲

世宗雖允行此一賞格，卻因王國禎言：

本兵議上禦倭方略，欲以重賞招降賊首王直等，臣竊疑之。臣聞勝國末海濱多警，東南巨寇，有秩至漕運萬户及行省參政者。且叛服不常，迄終無救。何者？其心不服，而爵祿不足以歆之也。故至今議者以招撫最爲誤國，殷鑒具存，奈何復欲效之？今四方群盜所在蠭起，皆幸朝廷不誅，無所創艾，就使部議得行，降一王直，未必不生一王直，將來貽患，更有不可言者。⑳

致寢而不行。

在兵部提上舉撫直之議後一個月，禮部侍郎鄭曉雖亦提類似招撫的建議，以爲如此則不僅中國之人不爲盜用，數年之後，未必無將材出於其中。如有擒斬賊徒者，照例給賞；其才力可用，情願報效者，亦就隨宜委用。㉑同年八月，刑部主事郭仁則以賊首王直挾倭寇擾亂海上，乃引太祖諭三佛齊故事，請敕令朝鮮宣諭日本國。但兵部以宣諭爲國體所關，最宜愼重。今倭寇方得志恣肆，較之往年，益爲猖獗，恐未可以言語化誨鎭服。且太祖時三佛齊止因阻絕商旅，非有倭奴匪茹之罪。朝鮮國近上表獻俘，心存敵愾，如復令其轉行宣諭，恐亦非其心，而以爲不便。[72]在此情形之下，趙文華、胡宗憲眼看官軍常敗北，兩浙地方的倭寇又日益猖獗，沿海地方的軍民之犧牲亦大，而明廷既不採積極措施，倭寇又不易消滅，故深恐禍臨己身，乃向通番者徵求其對應策略，悉心鑽研撫寇密議。《日本一鑑》〈窮河話海〉，卷六，〈海市〉所謂：

> 歲乙卯，……工部右侍郎趙文華奏奉欽敕，祭告東海，切惟己禍，不得要領，故問通番之人。而通番輩告以必得王直，主通海市，則禍可息，故遣使招之。

即是道出個中情形者。茅坤《紀剿除徐海本末》亦謂：

> 胡公（宗憲）始爲總督時，嘗與監督尚書趙公（文華）謀曰：國家困海上之寇，數年於茲矣，諸酋奴乘潮出沒，將士所不得斥堠而戍者，人言王直以威信雄海上，無他罪狀，苟得誘而使之，或可陰攜其黨也。於是遣辨（辯）士蔣洲、陳可願，及故嘗與王直友善者數輩，入海諭直。

文中所舉蔣洲，字宗信，別號龍溪，浙江鄞縣人，補其學諸生。黃宗羲的《南雷文約》卷三，〈蔣洲傳〉記載他平日好客，置酒雅歌投壺，高睨大談，終日不倦。因此，大家樂與之遊。當宗憲擔任總督時，經同鄉人都督萬表的介紹入其幕府。聞宗憲正謀求對應倭寇之策，乃對宗憲云：

> 漢之困於匈奴，由中行說也；宋之患於元昊，由張元也。自王直航海，遂有東南之禍。今與我爭於鯨膂之上者皆直之分艅也。我不得直，彼鴟附黿授，其可既乎？直之母與妻、子，盡在我

> 地，彼雖作賊，骨肉刺心。公如開丹青之信，未有不就戎索者。

而提出擒賊擒王之計。宗憲聞後，以爲此屬名計，乃將擬遣人赴日招撫王直之事疏請於朝。經明廷同意後，即授蔣洲以提督頭銜，並以陳可願爲副，更赦海上亡命之徒十餘人，使之嚮導。有關宗憲遣蔣洲、陳可願赴日招撫王直事，亦見於鄭若曾著《江南經略》與《玄覽堂續集》〈蔣陳二生傳〉。

蔣、陳二人於嘉靖三十四年九月首途前往日本，兩個月後抵五島。他們首先會見直之養子王滶（毛海峰），繼則與王直見面，且以大義曉諭王直，並告以胡宗憲與他同鄉，釋放其在祖國獄中之母、妻，而予以優遇之事，以激起其思鄉之念。更言因一己之不正當行動而累及母、妻，實爲莫大錯誤，如能應宗憲之呼籲回國，當弛海禁，許其貿易，不問其罪。[73]洲等又分析中外形勢，以說其歸降之利害，直心遂爲其所動。然他鑒於前此爲贖己罪而於嘉靖二十九年當海賊盧七擒擄戰船，直犯杭州江頭西興壩堰，劫掠婦女財貨，復出馬蹟潭停泊之際，曾爲海道官員擒拏賊船十三隻，殺賊千餘，生擒賊黨七名，被擄男女二十，解送定海衛掌印指揮李壽，送巡按衙門。三十年，當賊首陳四在海，官兵不能拒敵之際，海道衙門曾委寧波府唐通判，張把總託其剿獲陳四一夥解送丁海道，及三十一年倭賊攻圍舟山所城，軍民告急之時，李海道差把總指揮張四維，會同其救解，殺追倭船二隻，此種赤心報國之舉卻被誣引罪逆而及於一家[74]之事實，使其未能完全相信蔣、陳二人之所言，故乃以需先宣諭他「國」爲藉口，使洲留在日本，令毛海峰、葉宗滿、王汝賢等先隨可願返寧波，以探明朝之眞意。可願返國後即向宗憲報告。因此，宗憲乃上疏曰：

洲等奉命出疆，法當徑抵日本，宣諭其王爲正，今偶遇海峰等于五島地方，即爲所説阻而旋，就中隱情，未可逆睹。以臣憶（臆）度，大約有二，或懼傳諭國王，於若輩不便，設難邀阻。或由懷戀故土，擬乘此機會立功自歸。乞令本兵議其制馭所宜，俾臣等奉以從事。[75]

由此文面看來，蔣、陳二人雖抵王直在日本的根據地五島（長崎縣），但宗憲卻以爲他們尚未抵日本本國，他們之間有隱情而頗有微詞。不過當明廷接到此一奏疏後，禮部所作覆議如下：

東南自有倭患以來，有言悉帆海奸商王直、毛海峰等，以近年海禁大嚴，謀利不遂，故勾引島夷爲寇者。有言彼國荒，米貴，各島小夷迫于饑窘，乃糾衆掠食，國王不知者。用兵數歲，捕獲亦多，招報參差，茫無可據。故昨歲禮部從撫臣之請，遣使偵之。今使者未及見王，乃爲王直等所説而返。其云禁諭各夷不來入犯，似乎難保。且直等本我徧（編）民，既稱效順立功，自當釋兵歸正。乃絕不言及，而第求開市通貢，隱若夷酋然，此其姦未易量也。宜令宗憲等振揚威武，嚴加提備，仍移文曉諭直等，俾剿除舟山等處賊巢，以自明誠信。果海壖清蕩，朝廷自有非常恩賚。其互市通貢，姑俟蔣洲回日，夷情保無他變，然後議之。[76]

胡宗憲雖厚待毛海峰等，但禮部既作如上擧之覆議，乃令其立功以明自己之立場。因此，海峰等前後助官軍，參與舟山、瀝表討倭之役，表現良好。《世宗實錄》云：

倭寇自慈谿入海，泊漁山洋。聽撫賊毛海峰等，助官軍追擊之，擒斬百八十人。[77]

禮部覆議的時間在四月六日，海峰之助剿獲勝則在五月十八日，故當海峰接到宗憲諭令後即有此令人滿意的表現。該《實錄》又云：

總督浙直胡宗憲奏：賊首毛海峰，自陳可願歸後，嘗一敗倭寇於舟山，再敗之於瀝表。又遣其黨說諭各島，相率效順中國。方賴其力，乞加重賞。兵部覆：兵法用間、用餌，或招，或撫，要在隨宜濟變，不從中制。今宗憲所請，當假以便宜，使之自擇利害而行，事寧奏請。詔可。⑱

由上舉兩則記事觀之，直黨爲投誠所作之表現，實應給予肯定。

前文已說明廷曾於嘉靖三十三年五月懸賞有能擒斬首惡王直等者，授世襲指揮僉事，如直等悔罪，能率衆來歸，亦如之，但因王國禎反對而未行。然因在那以後，倭寇更爲猖獗，故於翌年八月懸伯爵，黃金萬兩，坐營坐府頭銜管事。⑲同月，宗憲遣蔣洲、陳可願赴日撫直。三十五年四月，直使海峰先隨可願回國，證實明朝當局之意後，與洲一起歸華。然因其船被颶風吹至朝鮮方面，故較洲晚回，至十月方纔抵祖國。《國権》所記載：

王直、毛烈（海峰）、葉宗滿，同夷商千餘人泊岑港，毛烈自詣軍門，乞降、求市。宗憲令還俟命。⑳

即言直於返國後，使其義子毛烈又名王滶赴宗憲處乞降及請互市——自由貿易者。然當時兩浙地方人士因飽嘗倭寇蹂躪之苦，聞直等乘倭船回國而大懼，俱言許互市爲不可。尤其巡按御史王本固奏謂：直之眞意難測，如接受其要求，恐有招侮之虞。致朝議混亂，竟有言宗憲將招東南大禍者，而浙中文武將吏亦陰持不可。所以剿撫之意見不一，而與此相關之問題亦複雜。唐樞則在其〈復胡梅林議處王直書〉中謂：如聽從直之要求，有五利、五慮；如卻其請，則有四利四慮，而論處置王直的利害關係。⑧¹但其問題的核心仍在於互市。自明初至嘉靖三十年代，明朝當局曾經再三提出海禁問題，且將其付諸實行而採貢舶制度。然日本之一再違反明廷所規定之船數、人數、貢期，及其於往返北京途次的種種不法行爲，因貢舶抵華之先後而引起的寧波事件，私貢者之來華等等，均困擾明朝當局。因此，俞大猷便以招撫王直爲「尤非今日之良謀」，而從正面加以反對。⑧²

由上述可知，招撫王直的問題，絕非可憑宗憲個人的意見來決定，無論朝野都有許多反對者。所以直雖在岑港等候宗憲之回音，卻非慎重其事不可。萬一宗憲出賣他，則大禍之臨頭，實至爲明顯。他爲求萬全，乃要求與宗憲會晤。《世宗實錄》與黃宗羲之〈蔣洲傳〉均記載當時情形。前者云：

> 直既至，覺情狀有異，乃先遣滶見宗憲。問曰：「吾等奉招而來，將以息兵安邦，謂宜信使遠迓，而宴犒將至也。今兵陳儼然，即敗（販）蔬小舟，無一近島者，公其詒我乎？」宗憲委曲諭以國禁，因而誓心，示無他，滶以爲信。已而夷目妙善（善妙）等，見副總（兵）盧鏜于舟山。鍾（鏜）誘使縛直等。直大疑畏，宗憲百般説之，直終不信。曰：「果不欺，可遣滶出，吾當入見耳。」宗憲即遣之。直黨仍要中國一官爲質，于是以指揮夏正往。⑧³

於是直方纔與葉宗滿、王清溪等同至宗憲處。宗憲百般安慰，將其收入按察司獄，然後上奏擒獲王直事。⑧⁴

初時，宗憲並無殺直之意，故其入獄之初擬以職官，凡玩好之物，歌詠之什，無不置其左右，以娛其心，少有不懌，醫進湯藥，予以調護。㊇並且上疏請宥直，並許善妙朝貢。然王本固不識時務，力言不可互市。更有進者，當時江南人士竟造謠宗憲受直、善妙等金銀數十萬，爲其求通市、貸死。㊈故人心洶洶，輿論沸騰。宗憲聞之大懼，遣人將已發出之疏追回，盡改原文爲：「直等寔海氛禍首，罪在不赦。今幸自來送死，實籍玄庇。臣等當督率兵將殄滅餘黨，直等惟廟堂之意處分之。」更有進者，王本固復言諸奸叛逆之意難測，而奏請嚴令宗憲見機愼重處理此事，故直遂非走向刑場之路不可。

直在獄中幾二年。嘉靖三十八年（一五五九）十一月二十五日，經兵部與三法司合議，於同年十二月二十五日，將直斬首於杭州官巷口。葉宗滿、王汝賢兩人雖罪在不赦，然往復歸順，曾立戰功，姑貸一死，發邊衛永遠充軍，以開來者自新之路。各人犯之妻、子七名，則沒入成國公朱希忠家爲奴，財產亦由官府沒入。㊉

當直在縲絏之中時，其徒黨憤慨異常，乃焚舟登山，據岑港固守以爲報復，然後將其據點移至泉州之浯嶼。結果，非僅兩浙人民多罹其殃，其災害更及閩、廣，竟連府城亦有被攻陷，佔據達數月之久者。

五、結語

當胡宗憲的擒賊擒王策略奏效，徐海、王直等渠魁先後被消滅或被捕後，前此蹂躪江、浙的倭寇遂將其寇掠目標轉移到閩、廣，其長年爲倭寇所苦的江、浙沿海居民遂逐漸獲得安堵。

當直受撫回國時，直雖曾與大友義鎭之使者善妙同歸，要求互市，卻因其所乘之船遇颶風，漂流至朝鮮而較善妙晚抵國門，而大友氏之使者又因未持勘合，其所持表文亦未蓋金印，故明廷認爲彼輩並非正式貢使，致陷赴日招撫他的蔣洲於不利，使他受到牢獄之災。其遣洲前往日本的宗憲，理應爲洲辯護，爲其洗脫罪名，然他不僅未如此做，反而向朝廷疏陳曰：

> 洲奉使宣諭日本，已歷二年，乃所宣諭止及豐後、山口。豐後雖有進貢使物，而使無印信、勘合。山口雖有黃金印、回文，而又非國王名稱。是洲不諳國體，（罪）無所逭。但義長等既以進貢爲名，又送還被虜人口，有畏罪乞恩之意。宜量犒其使，以禮遣回，令其傳諭義鎭、義長，轉諭日本國王，將倡亂各倭立法鈐制。勾引內寇，一併縛獻，始見忠款，方許請貢。[88]

宗憲爲保護自己，維護自己立場，非僅對遠涉重洋，招撫王直有功之蔣洲未給予應得之獎賞，反而將大友氏所遣使節未能遵從中朝體制的責任完全推到蔣洲身上。洲因此獲罪下獄，直至三十九年二月，宗憲以擒獲王直之功獲陞賞時，方與可願同被稱爲「大忠義士」，而冤情得以昭雪。[89]

直下獄後，其徒黨恨自己爲官府所給，且痛悔之途梗塞，乃與他倭糾結，肆虐沿海州縣以爲報復。三十七年八月，其在岑港之倭，徐移之於定海東方之柯梅。(90)十一月，當賊離開柯梅揚帆南去時，宗憲利其去而未予追擊，致賊泊泉州之浯嶼，縱掠閩海州縣。因此，閩人大譟，言宗憲嫁禍。於是御史李瑚劾宗憲三大罪。因瑚與俞大猷俱爲閩人，所以宗憲疑大猷洩漏消息，遂將倭離去之過諉諸大猷，劾大猷未能盡力擊賊，致大猷被逮。(91)

直之餘黨南移後，江、浙倭寇雖漸平息，但江北、福建、廣東則仍受其劫掠。迄至三十八年，竟又大掠溫、台等沿海州縣。因此，給事中羅嘉賓，御史龐尚鵬等奉詔往勘。結果，嘉賓、尚鵬言宗憲養寇，當寘重典。然世宗非但未處以應得之罪，反而於次年論平王直之功時，擢升他爲太子太保。之後，嘉賓、尚鵬雖復劾宗憲侵帑三萬三千兩，宗憲卻自辯而以「臣爲國除賊，用間用餌，非小惠不成大謀」爲詞，獲世宗慰諭。其後，宗憲疏請節制巡撫及操江都御史之職而如願以償，且獲升兵部尚書。三十九年，加少保職銜。

宗憲平日結交嚴嵩父子，歲遺金帛、子女、珍奇、淫巧無數，並且獻祥瑞如白龜、五色芝等物給世宗而頗得其歡心。故當南京給事中陸鳳儀於同年劾他爲嚴嵩黨徒，及奸欺貪淫十大罪而被逮問時，世宗也以他非嵩黨而予以開釋，令其閒住。此後，他仍屢獻祥瑞之物給世宗，使世宗大悅而即將復用他之際，因御史汪汝正籍羅龍文家時，獲宗憲被劾時所自擬敕旨，託龍文轉交給嚴嵩之子世蕃之尺牘，故宗憲遂又被捕下獄。宗憲乃自敘其平賊之功，且言因平日獻祥瑞物品給皇上而得罪言官，更攻訐汝正受贓，致汝正曾一度身繫囹圄。不久，宗憲瘐死獄中。(92)

總之，宗憲在嘉靖三十年代的靖倭戰役中，雖有赫赫武功，只因其操守頗受訾議，致其功業未如俞大猷、戚繼光等人之獲得彰顯。

得在此附帶一言的是：由於王直在嘉靖三十年赴日之際，曾將釋中峰明本的墨蹟帶給周防（山口縣）的大內義隆，所以已故東京大學教授辻善之助以爲直與彼邦諸侯之間的來往頻繁；[93]其附於該墨蹟的日僧策彥周良之書信則呼直爲「大明人五峰先生」；文之玄昌的《鐵砲記》尊稱他爲「大明儒生」，將其視爲日本一流的知識分子。李獻璋則更認爲直是一介和平的海商，諸書所見有關他劫掠沿海州縣的記載有違事實，此乃藉直之名以逞寇掠之能事者所爲之勾當云。[94]

〔註釋〕

①：《明史》（臺北，鼎文書局標點本），卷二〇五，〈朱紈傳〉；卷三二二，〈日本傳〉。談遷，《國榷》（北京，中華書局本），卷五九，世宗嘉靖二十七年七月甲戌朔條。鄭樑生，《明史日本傳正補》（臺北，文史哲出版社，民國七十年十二月），嘉靖二十七年條；《明代中日關係研究》（臺北，文史哲出版社，民國七十四年三月），頁四四～四五；〈明嘉靖間浙江巡撫朱紈執行海禁始末——一五四七～一五四九〉，收錄於《第二屆國際華學研究會議論文集》（臺北，中國文化大學出版部，民國八十一年五月），頁六六〇～六八〇。見本《論文集》頁一～三一。

②：《明史》〈日本傳〉。

③：《明世宗實錄》（中央研究院歷史語言研究所，影印本），卷三八七，嘉靖三十一年七月辛巳朔己亥條。《明史》，卷二〇四，〈王忬傳〉；卷三二二，〈日本傳〉。談遷，《國榷》，卷六〇，世宗嘉靖三十一年七月辛巳朔壬寅條。王忬，《御史大夫思質王公奏議》（明隆慶間刊本）。鄭樑生，《明史日本傳正補》，嘉靖三十一年條；《明代中日關係研究》，頁四五；〈王忬與靖倭之役〉，收錄於《淡江史學》第四期（淡水，淡江大學歷史系，民國八十一年六月），頁四三～六六。見本《論文集》，頁三五～七四。

④：《明史》，〈王忬傳〉。鄭樑生，〈王忬與靖倭之役〉。

⑤：《明史》，卷二〇五，〈張經傳〉。鄭樑生，〈張經與王江涇之役——明嘉靖間之剿倭戰事研究〉，收錄於《漢學研究》第十卷第二期（臺北，漢學研究中心，民國八十一年十二月），下冊，頁四二五～四六〇。見本《論文集》頁七三～一〇六。

⑥：《明史》，卷二〇五，〈張經傳〉、〈胡宗憲傳〉；卷三〇八，〈趙文華傳〉。谷應泰，《明史紀事本末》（清徐松節錄並補論、手寫本）卷五五，〈沿海倭亂〉。《世宗實錄》，卷四一九，嘉靖三十四年二月丙寅朔庚辰；卷四二一，同年四月乙丑朔辛未各條。鄭樑生，《明史日本傳正補》，嘉靖三十四年條；《明代中日關係研究》，頁三九一。

⑦：《明史》，〈張經傳〉、〈胡宗憲傳〉、〈趙文華傳〉。參看本書頁七五～一〇八。

⑧：《明世宗實錄》，卷四二二，嘉靖三十四年五月甲午朔癸丑條。《明史》〈張經傳〉、〈胡宗憲傳〉、〈奸臣傳·趙文華傳〉、〈日本傳〉。

⑨：《明史》〈趙文華傳〉。

⑩：同前註。

⑪：同前註。

⑫：《明史》，卷二〇五，〈胡宗憲傳〉、〈阮鶚傳〉、〈楊宜傳〉；卷三〇八，〈趙文華傳〉；卷三二二，〈日本傳〉。

⑬：《明史》〈胡宗憲傳〉。

⑭：《明史》，卷二〇五，〈李天寵傳〉。

⑮：采九德，《倭變事略》（明天啓三年海鹽原刊本，鹽邑志林之一），卷三，嘉靖三十三年六月十五日條。

⑯：《明史》〈張經傳〉、〈李天寵傳〉。

⑰：《明史》〈張經傳〉。

⑱：有關李逢時、許國募山東兵事，請參看《明世宗實錄》，卷二九九，嘉靖三十二年六月丙子朔壬辰；卷四一三，嘉靖三十三年八月己巳朔癸未、庚寅；卷四一七，嘉靖三十三年十二月丁卯朔甲戌各條。采九德，《倭變事略》卷三，嘉靖三十四年四月初八日條。

⑲：《明史》〈張經傳〉。采九德，《倭變事略》，卷三，嘉靖三十四年四月初八日條。

⑳：《明史》〈張經傳〉。

㉑：采九德，《倭變事略》，卷三，嘉靖三十四年正月初三、初九、二十三日條。鄭若曾，《籌海圖編》（明嘉靖四十一年刊本），卷五，〈浙江倭變紀〉。嘉靖三十四年正月條。鄭樑生，《明代中日關係研究》，頁三八七。參看後藤肅堂，〈西力東漸と倭寇〉（《歷史地理》第二十九卷第二號）。

㉒：王婆楞，《歷代征倭文獻考》（臺北，正中書局，民國五十五年十二月，臺一版），頁一八七。

㉓：采九德，《倭變事略》，卷三，嘉靖三十四年四月八日、十七日條。

㉔：采九德，《倭變事略》，卷三，嘉靖三十四年四月二十一日條。

㉕：采九德，《倭變事略》，卷三，嘉靖三十四年四月二十三日條。

㉖：鄭若曾，《籌海圖編》，卷九，〈大捷考．王江涇之捷〉。

㉗：同前註。

㉘：同前註。

㉙：同前註。

㉚：《明世宗實錄》，卷四二二，嘉靖三十四年五月甲午朔條。《明史》，卷一八，〈世宗本紀〉，二；卷二〇五，〈張經傳〉、〈盧鏜傳〉；卷三〇八，〈趙文華傳〉亦有相關記載。

㉛：《明世宗實錄》，卷四二二，嘉靖三十四年五月甲午朔丙辰、辛酉條。谷應泰，《明史紀事本末》，卷五五，〈沿海倭亂〉。許重熙，《嘉靖以來注略》，卷四，嘉靖三十四年夏四月條云：「文華劾疏至，上（世宗）以問（嚴）嵩。嵩言：經不可留。遂逮之，以周琉代經總督。尋（王江涇）捷疏至，兵科李用敬請免經逮。上怒，杖用敬五十。」又云：「徐學謨曰：經爲文華所訐，故《實錄》輕文華而軒經。當經駐江南，受有司供億僭侈，所至騷然。自採淘港一敗，按兵不舉。實爲文華所促，乃有王江涇之捷。徐階、李本親受桑梓荼毒，傳聞異詞，不可不覈也。戮經而用宗憲，卒收全績，不可以文華故，一概抹殺。」

㉜：鄭若曾，《籌海圖編》，卷九，〈大捷考．平望之捷〉。

㉝：《明世宗實錄》，卷四二五，嘉靖三十四年八月癸亥朔壬辰條。夏燮，《明通鑑》，卷六一，〈紀〉，六一，同年同月條。許重熙，《嘉靖以來注略》，卷四則云：「巡撫曹邦輔督副使王崇古兵，四路蹙倭。倭自滸墅走楊林橋。

一鄉民給之，導至絕路，盡殪。」

㉞：有關趙文華還朝之經緯，請參看《明世宗實錄》，卷四三〇，嘉靖三十四年十二月辛卯朔乙巳條。及《明史》〈趙文華傳〉、〈日本傳〉。

㉟：《明世宗實錄》，卷四二六，嘉靖三十四年九月癸巳朔乙未；卷四三〇，同年十二月辛卯朔乙巳各條。卷四三二，三十五年二月庚寅朔己亥條云：「罷總督南直隸浙福軍務南京兵部右侍郎楊宜。……宜闇淺無大略，不足應變。時海警甚熾，徵川、廣、湖、貴及閩、浙、河南、山東之兵畢集，宜袖手無一策，且懲於張經之敗，詔奉趙文華，極其畢愜，故文華雖厭薄之，然而不怒也。時文華與胡宗憲私厚，亟欲以宗憲易宜。正月中，文華入京。上諭大學士嚴嵩，問文華南寇始末。文華即昌言：『寇起時若無兵，令（今）徵兵四集，所若（苦）督撫非人，不能調度。請罷宜以宗憲代之。』上深以爲然，謂嵩曰：『宜當急更，再歲月之延，不無誤事。』」劉燾，《劉帶川稿》（《明經世文編》，明崇禎刊本），卷五，〈兵備浙江上督撫陶宅進兵書〉。

㊱：《明世宗實錄》，卷四三二，嘉靖三十五年二月庚寅朔己亥條。參看《明史》〈楊宜傳〉、〈胡宗憲傳〉。夏燮，《明通鑑》，卷六一，〈紀〉，六一，嘉靖三十五年二月條。許重熙，《嘉靖以來注略》，卷四，嘉靖三十五年春月條。

㊲：夏燮，《明通鑑》，卷六一，〈紀〉，六一，世宗嘉靖三十五年二月條云：「戊午，罷吏部尙書李默，尋下之獄。初，趙文華奏請還朝，因言餘寇無幾。及敗報踵至，上疑之，以問嚴嵩。嵩力爲營解。上意終不釋。默與嵩數爲異同，文華自江南至，默尤輕之。會楊宜罷，嵩、文華請以宗憲代，默獨用王誥，二人者尤恚甚。及是，文華謀所以自解者，稔上喜告訐，乃摘默部試選人策有漢武、唐憲宗晚節，爲任用匪人所敗等語，指爲謗訕。又

言：『臣前劾張經，默以同鄉思報復。及臣再論曹邦輔，則嗾夏栻、孫濬媒孽臣及宗憲，而黨護邦輔。今地方之事，由於督撫非人，默乃不用宗憲而推王誥，懷私挾憤，豈奉公憂國之大臣所為？』疏入，上大怒，下禮部三法司議，不稱旨。切責尚書王用賓等，皆奪俸，而下默鎮撫司拷訊。刑部尚書何鰲，遂坐默比子罵父律絞。上怒不已，詔加等處斬，錮之獄。尋復逮邦輔至京師，謫戍邊。默竟瘐死獄中。」許重熙，《嘉靖以來注略》，卷四，嘉靖三十五年春正月條。

㊳：《明史》〈胡宗憲傳〉、〈曹邦輔傳〉、〈阮鶚傳〉。夏燮，《明通鑑》，卷六一，〈紀〉，六一，世宗嘉靖三十五年二月條。許重熙，《嘉靖以來注略》，卷四，嘉靖三十五年春月條。

㊴：《世宗實錄》卷四二五，嘉靖三十四年五月癸亥朔乙亥條。有關徐海事，可參看張時徹，《芝園全集》（《明經世文編》），卷一，〈贈王方湖巡福建提督軍務敘〉。

㊵：鄭舜功，《日本一鑑》（民國二十八年，商務印書館據舊鈔本影印本）〈窮河話海〉，卷七，〈流逋〉云：「嘉靖辛亥（三十年），海聞叔誘倭市列（瀝）港，往謁之，同行日本。」

㊶：鄭舜功，《日本一鑑》〈窮河話海〉，卷六，〈海市〉云：「徐銓即徐惟學，一名碧溪。」嘉靖《寧波府志》〈海防署〉條則云：「徽州奸民王直、徐惟學，先以鹽商折閱，投入賊夥。」

㊷：鄭舜功，《日本一鑑》〈窮河話海〉，卷六，〈流逋〉云：「壬子……賊首徐海，誘倭入寇浙海，自是浙海倭寇漸衆。」

㊸：鄭舜功，《日本一鑑》〈窮河話海〉卷六，〈流逋〉雙行註。

㊹：同前註。

㊺：采九德，《倭變事略》，卷四所附王直〈自明疏〉。

㊻：同註㊸。

㊼：《明世宗實錄》，卷四三四，嘉靖三十五年四月己丑朔條。《明史》〈世宗本紀〉，二；〈宗禮傳〉、〈阮鶚傳〉、〈日本傳〉。

㊽：采九德，《倭變事略》，卷四，嘉靖三十五年五月二十六日條。

㊾：同前註。

㊿：茅坤，《紀剿除徐海本末》（臺北，廣文書局，民國五十六年十月，附於《倭變事略》）。姚士粦，《見只編》（明天啓刊本，鹽邑志林之一）所錄劉燾，《沈庄進兵實錄》。

51：同前註。

52：《明世宗實錄》，卷四三五，嘉靖三十五年五月戊午朔丁丑條。

53：采九德，《倭變事略》，卷四，嘉靖三十五年六月二十三日條。

54：采九德，《倭變事略》，卷四，嘉靖三十五年六月十七、二十一、二十五、二十六日各條。

55：采九德，《倭變事略》，卷四，嘉靖三十五年七月十八日條。

56：采九德，《倭變事略》，卷四，嘉靖三十五年七月十九、二十九日條。

57：《明世宗實錄》，卷四三七，嘉靖三十五年七月丁巳朔辛巳條。

58：采九德，《倭變事略》，卷四，嘉靖三十五年八月初一日條。茅坤，《紀剿除徐海本末》。

59：采九德，《倭變事略》，卷四，嘉靖三十五年八月十一日條。

⑥⓪：以上見徐學聚，《嘉靖東南平倭通錄》。嘉靖三十五年八月條。許重熙，《嘉靖以來注略》，卷四，嘉靖三十五年七月條紀錄自徐海與陳東反目至被殲之經過云：「賊徐海與陳東貳，遂誘東執之，幷其黨葉痲等百人以獻。帥所部五百人，別營梁莊。官軍圍乍浦巢，連戰，斬首三百，奪所掠男女七百餘，焚溺盡死。初，(胡)宗憲遣華老人檄海降，海怒，縛而將斬之。其所幸婦王翹兒力勸，親解縛縱歸。宗憲乃更遣羅龍文說海，而陰以金珠賂翹兒。翹兒日夜泣言：『海中作賊無休計，不如降而得官。』海心動，遂約降，因殺東自效。及乍浦巢平，官軍萃而薄之。海勢孤，因自沉死。翹兒來歸，宗憲以賜永順酋長，亦自沉。」本節行文得力於李獻璋，〈嘉靖海寇徐海行蹟考〉收錄於《石田博士頌壽記念東洋史論叢》(石田博士古稀記念會，昭和四十年八月)之處頗多，謹此致謝。有關剿滅徐海之始末，可參看茅坤，〈紀剿除徐海本末〉，馮新恩，《馮侍御芻蕘錄》(《明經世文編》卷一，〈元勳殊寵碑記〉；姚士粦，《見只編》，上，所錄劉燾，《沈庄進兵實錄》提要。

⑥①：茅坤，〈紀剿除徐海本末〉所錄江上大人之言。

⑥②：參看鄭樑生，《明史日本傳正補》，嘉靖二十二年條；《明代中日關係研究》，頁四三一～四三二。

⑥③：《明世宗實錄》，卷二九三，嘉靖二十三年十二月七丑朔乙酉條。

⑥④：《明世宗實錄》，卷三二一，嘉靖二十六年三月壬子朔乙卯條。

⑥⑤：鄭舜功，《日本一鑑》〈窮河話海〉，卷六，〈海市〉。

⑥⑥：同前註。

⑥⑦：萬表，《海寇議後》。

⑥⑧：王忬，《御史大夫思質王公奏議》，卷三，〈條處海防事宜仰祈速賜施行疏〉所記載「布寬令以收反側」條。

69：《明世宗實錄》，卷四一〇，嘉靖三十三年五月庚子朔丁巳條。

70：沈朝陽，《皇明嘉隆兩朝聞見記》（明萬曆原刊本），卷六，嘉靖三十三年條。

71：鄭曉，《鄭端簡公奏議》（明隆慶四年嘉禾項氏萬卷堂本），卷二，〈乞收武勇亟議招撫以消賊黨疏〉。

72：《明世宗實錄》，卷四一三，嘉靖三十三年八月己巳朔乙未條。

73：采九德，《倭變事略》，卷四所附王直〈自明疏〉。

74：同前註。

75：《明世宗實錄》，卷四三四，嘉靖三十五年四月己巳朔甲午條。

76：同前註。

77：《明世宗實錄》，卷四三五，嘉靖三十五年五月戊午朔乙亥條。

78：《明世宗實錄》，卷四三七，嘉靖三十五年七月丁巳朔戊午條。

79：《明世宗實錄》，卷四二五，嘉靖三十四年八月癸亥朔乙亥條。

80：談遷，《國榷》，卷六二，嘉靖三十六年九月辛亥朔丁丑條。

81：唐樞，《禦倭雜著》（《明經世文編》，卷二七〇）〈復胡梅林論處王直〉。

82：俞大猷，《正氣堂集》，卷五，〈議王直不可招〉。

83：《明世宗實錄》，卷四五三，嘉靖三十六年十一月庚戌朔乙卯條。

84：采九德，《倭變事略》，卷四，嘉靖三十七年正月二十五日條。

85：同前註。

㊱：同前註。許重熙，《嘉靖以來注略》，卷四，嘉靖三十六年十一月條對此間經緯有詳細的記載。

㊲：《明世宗實錄》，卷四七八，嘉靖三十八年十一月戊辰朔丙申條。釆九德，《倭變事略》，卷四，同年十二月二十五日條。《明史》卷一〇六，〈表〉，七，〈功臣世表〉，二，〈成國公〉。

㊳：《明世宗實錄》，卷四五〇，嘉靖三十六年八月辛巳朔甲辰條。

㊴：《明世宗實錄》，卷四八一，嘉靖三十九年二月丁酉朔甲辰條。

㊵：《明世宗實錄》，卷四六五，嘉靖三十七年十月甲辰朔辛亥條。徐學聚，《嘉靖東南平倭通錄》，同年同月條云：「岑港倭，移巢柯梅。總督胡宗憲屢督兵討之，不能克。於是御史李瑚追劾宗憲，私誘王直啓釁。御史王本固，南京給事中劉堯晦亦劾其老師，縱寇，濫叨功賞，請行追奪。」

㊶：《明世宗實錄》，卷四七〇，嘉靖三十八年三月癸酉朔甲子條。《明史》〈胡宗憲傳〉、〈日本傳〉。

㊷：《明史》〈胡宗憲傳〉。

㊸：辻善之助，《增訂海外交通史話》（東京，內外書籍株式會社，昭和五年十月），頁二五九～二六〇。

㊹：田中健夫，《中世對外關係史》（東京，東京大學出版會，一九七五年四月），頁三二〇～三二一。

附：徐海、陳東、葉明、金子老、李光頭、許棟、陳思盼、王直寇掠始末

典據：鄭若曾，《籌海圖編》，卷八，〈寇踪分合始末圖譜〉。

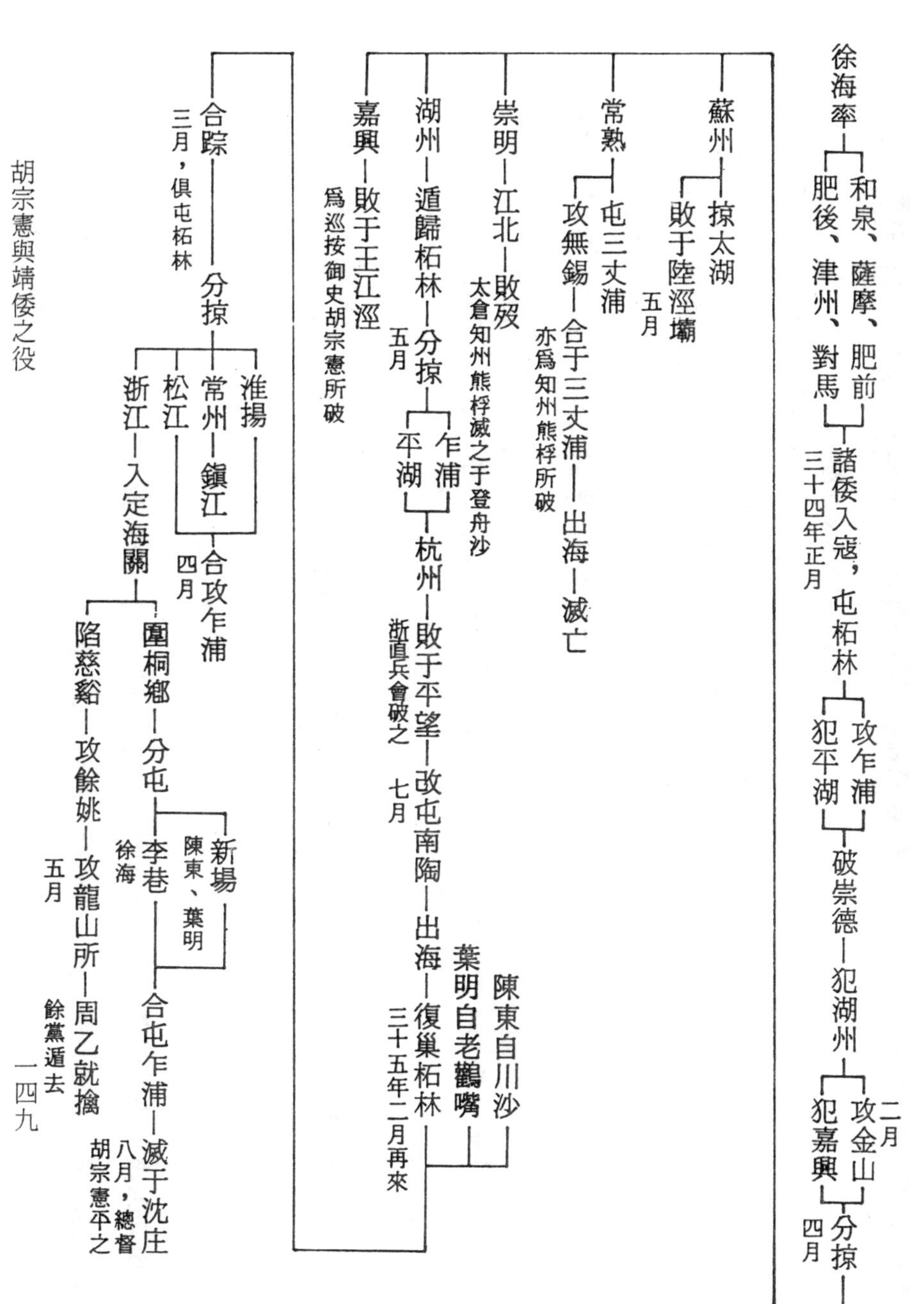
徐海率
和泉、薩摩、肥前
肥後、津州、對馬
諸倭入寇，屯柘林
三十四年正月
攻乍浦
犯平湖
破崇德
犯湖州
攻金山
二月
犯嘉興
分掠
四月
蘇州
掠太湖
敗于陸涇壩
五月
常熟
屯三丈浦
攻無錫
合于三丈浦
出海
滅亡
亦爲知州熊桴所破
崇明
江北
敗歿
太倉知州熊桴滅之于登舟沙
湖州
遁歸柘林
分掠
五月
乍浦
平湖
杭州
敗于平望
浙直兵會破之
改屯南陶
七月
出海
復巢柘林
三十五年二月再來
陳東自川沙
葉明自老鸛嘴
嘉興
敗于王江涇
爲巡按御史胡宗憲所破
合踪
三月，俱屯柘林
分掠
淮揚
常州
松江
浙江
鎭江
合攻乍浦
四月
入定海關
圍桐鄉
分屯
新場
陳東、葉明
李巷
徐海
合屯乍浦
滅于沈庄
八月，總督胡宗憲平之
陷慈谿
攻餘姚
攻龍山所
五月
周乙就擒
餘黨遁去

乙卯（三十四）、丙辰（三十五年）之亂，海爲之首，陳東、葉明爲之輔。衆至數萬，總督胡公（宗憲）計殄滅之。自此海氛漸息矣。餘黨遁去，皆沒于海，蓋胡公佯與之舟，雖縱之走，舟遇巨浪，輒裂故也。

陳東率—［肥前、筑前、豐後／和泉、博多、紀伊］—諸倭入寇屯（三十四年正月）—攻南滙—攻金山—入崇明（二月）—攻青村—圍上海（三月）

—遁歸日本—復屯川沙（三十五年正月再來）—併入柘林（與徐海合）—攻乍浦—圍桐鄉—分屯新場（與徐海分與葉明合）—合屯乍浦（復與徐海爲援）—滅于乍浦城南

此薩摩州君之弟，掌書記酋也，其部下多薩摩人。

葉明率—［筑前、和泉、肥前、薩摩／紀伊、博多、豐後］—諸倭入寇（三十五年正月）—屯老鸛嘴—併入柘林（四月）—合攻乍浦

—分屯新場—合屯乍浦—就擒（徐海奉總督胡公之命生擒來獻）

驍勇善戰，爲諸酋冠。（葉）明既就擒，海黨與遂皆携貳，以至于亡。

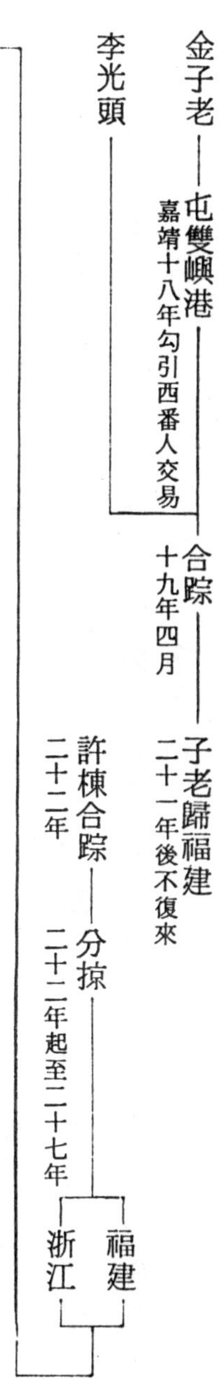

雙嶼港之寇，金子老倡之，李光頭以梟勇雄海上，子老引爲羽翼。迨子老去，光頭獨留，而許棟、王直則相繼而興者也。

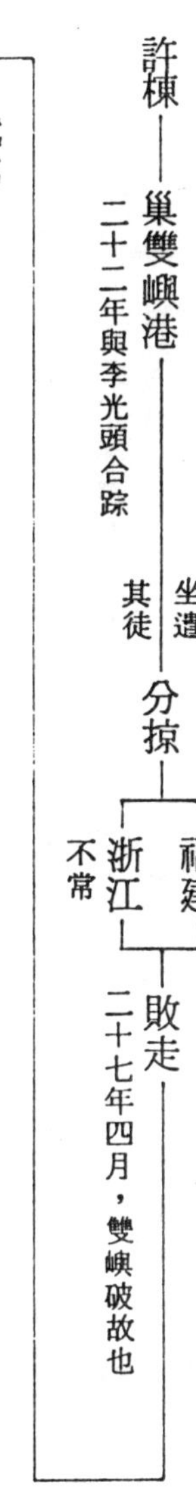

此浙直倡禍之始，王直之故主也。初亦止勾引西番人交易。二十三年始通日本，而夷夏之釁開矣。

許棟滅，王直始盛。

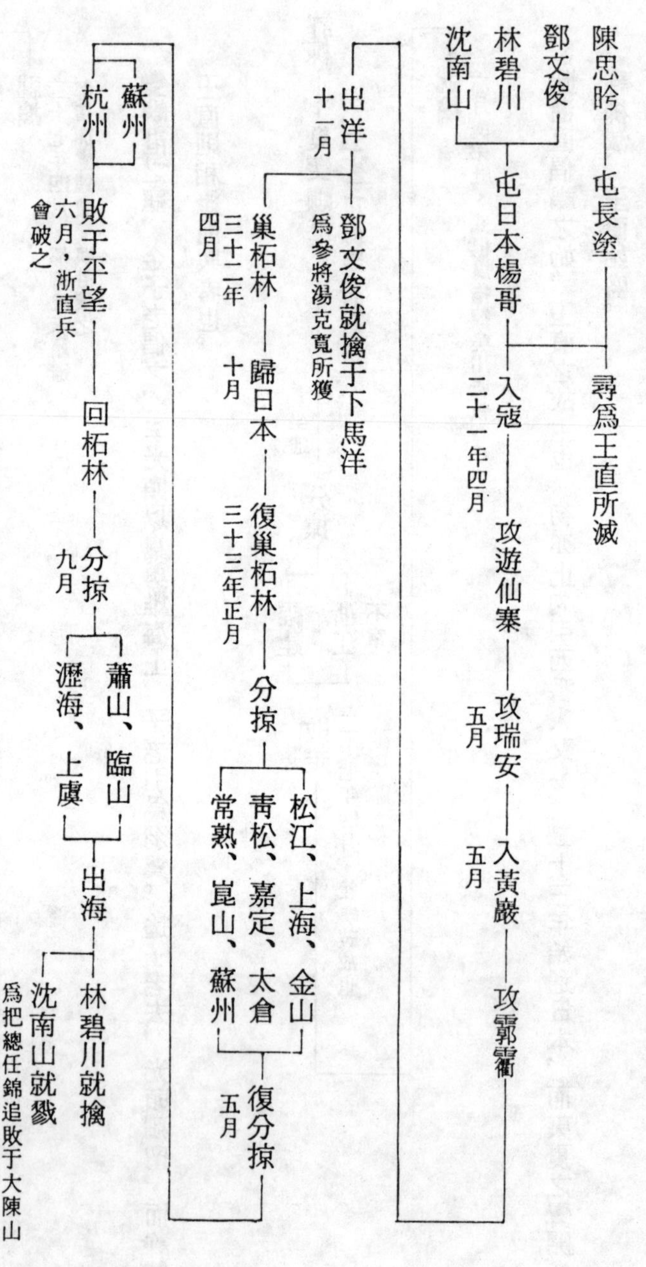

林碧川、鄧文俊、沈南山，皆海上巨寇也。三十一年，浙直之禍，林碧川實爲之首。破黃巖得利，遂啟群盜貪心。三十二年，蕭顯繼出，碧川與顯以次敗亡，而徐海、陳東又繼之，爲浙直大患。

王直—入雙嶼港—往日本—改屯列表—併陳思盼—分踪入寇—走泊馬蹟潭

二十三年入許棟踪爲司出納　爲許棟領哨馬船，隨貢使至日本交易　二十七年，許棟爲都御史朱紈所破，直收許棟餘黨自作船主　三十一年　因求開市不得，掠浙東沿海　三十二年閏三月，列表爲兪大猷所破

分掠（四月）—陷昌國　犯定海／攻海鹽　破乍浦／犯杭州　入南滙／犯嘉定　據吳淞

敗走白馬廟（馬蹟軍復爲參將湯克寬所破）—往日本　屯松浦（自此以後，惟坐遣徒黨入寇而不自來）—就擒（三十七年八月，欸定海關，要互市，總督胡公遣人誘入見而執之）—伏誅（三十八年十二月奉詔斬于浙江省城市曹）

先是，日本非入貢不來互市。私市自二十三年始，許棟時亦止載貨往日本，未嘗引其人來也。許棟敗沒，直始用倭人爲羽翼，破昌國。而倭之貪心大熾，入寇者遂絡繹矣。東南之亂，皆直致之也。自胡公誘致直，而海氛頓息，縱有來者，勦之亦易矣。

明隆慶初右僉都御史塗澤民議開海禁的貢獻

一、前言

朱元璋於建立明朝（一三六八）後不久，爲防國人之下海通番及倭寇之侵掠而實施嚴厲的海禁政策，片板不許入海。①凡有販番諸商，告給文引者，盡行禁絕，敢有違犯者，即照例處以極刑。②惟此一措施實有違當時中國人民從事對外貿易，與諸外國互通有無的發展趨勢。故海禁雖嚴，中國奸民之干犯海禁私出海外，或引倭、誘倭、勾倭、從倭者歷來不絕。明朝當局乃不得不一再重申前令，且加強海防、河防，冀能將倭寇所造成之災害減少至最低限度。不過這些俱屬治標措施，如要根絕倭患，實非解除海禁不爲功。

解除海禁之議在武宗正德年間（一五〇六～一五二一）已有人提出，③世宗嘉靖年間（一五二二～一五六六），董威、宿應參等亦曾提出相關建議而皆不報。直至穆宗隆慶元年（一五六七）右僉都御史塗澤民議開海禁，准許國人往販東西二洋，④惟仍禁赴日貿易。此一辦法唯非採全面開放，但其意見被採納而將其付諸實施以後，東南沿海居民因而得公開往市海外，易私販爲公販，於是民生安樂。此一政策上的改變，不僅使當時的政治獲得某種程度之安定，對外貿易亦自必獲得某種程度之發展。

目前，臺灣地區資料典藏不豐尚無法找到塗氏議開海禁之奏疏，《明實錄》、《明史》及臺灣公藏之方志亦無相關之具體資料。雖然如此，本文卻擬從塗氏以後之職官的奏疏來印證塗氏此舉給當時東沿海居民帶來之福澤，以表彰其安邦裕民之功不可沒。

二、寇亂的起因

如衆所周知，朱元璋爲防國人之下海通番，除頒下海通番之禁令外，又採招撫與清野徙海辦法，將沿海常遭寇掠，易生問題的地方之居民盡徙於內地，籍其丁壯，編爲水軍，以絕後患，且得其用。⑤與之同時，他復聽從德慶侯廖永忠之言，爲防來莫或知，去不易捕之倭寇與海盜而造船、練軍；⑥且令信國公湯和與江夏侯周德興等將領在沿海要衝，列卒周匝，廣置衛所、城寨，大小相維，經緯相錯，星羅棋布，狼顧犬防，⑦以鞏固陸上防禦。⑧更命沿海衛所水軍以時出哨，巡海剿捕，而統以指揮、千百戶、鎭撫，總以閫職，督以憲臣，俾能截之於外海，使不得近岸。⑨並特頒剿倭賞格，以待有功，以激勵士氣。⑩

上述這些措施，在初時雖尚能阻遏國人出洋從事興販活動，但當番商以禁愈嚴而利愈厚，而干犯海禁走私偷入，從事秘密市易時，國人亦遂有犯禁接引外國商販者。結果，禁令雖嚴，卻始終無法禁絕其私販活動。因此，乃於洪武二十七年正月下令禁止販賣番香、番貨，其現有者，限於三月銷盡。民間禱祀，止用松、柏、楓、桃諸香，違者處以應得之罪。其兩廣所產香木，聽土人自用，亦不許越嶺貨賣，而欲藉禁止民間使用番貨，以斷絕市場。其所以不許販售兩廣所產香木，乃慮其雜市番香之故。⑪然朱元璋此種釜底抽薪之計，並未為其子民徹底遵行，仍有不少奸民下海通番，販售番貨，或私將馬、牛、軍需、鐵、銅錢、緞匹、紬絹、絲綿私出外境及下海。此事可由其歷代皇令之一再重申其禁令之事實獲得佐證。

大家都知道，在有明一代，東南沿海所在通番，連檣出入，紛然往來，⑫而以閩尤甚。蓋八閩山多田少，斥鹵磽角，田不供食，⑬又無水港，民亦艱困。自非肩挑步擔，踰山度嶺，則雖斗石之儲亦不可得。⑭職是之故，其生活所需，無不仰賴外界之輸入。而其賴以輸入稻米之地，南則資於廣東，而惠、潮兩府之米為多。在北則資於浙江，而多屬溫州之米。玄鍾向專運船販米，至福建行糶，利常三倍。每至輒幾十艘，或百艘，或二三百艘，福建之民稱便，而廣、浙之人亦獲大利。⑮福建居民雖缺米糧，卻因其地瀕海而有嬴蛤之利。惟其民雖以飯稻羹魚為甘，但於肉食卻不敢羨。山藪居民，樹藝葛苧，機杼所就，與他邑相灌輸，而貿魚鹽，不過饔飧是賴耳。⑯由於他們受到地理環境、自然經濟條件的影響，謀生艱辛，故乃不得不資食於海外，資衣於吳越，資器用於交廣。然其物力所出甚微，充方物者唯有荔枝，備珍饈者莫如海錯。但山澤之產，多寡難知，有無不時，按籍而求，多不可得。⑰

閩人既因土瘠物薄而難於溫飽，其米糧必需仰給於浙江、廣東等處，故其居民乃以網罟爲耕耘，附山之民則墾闢磽角，植蔗煮糖。而百工技藝，敏而善倣，北土緹縑，西番氁罽，莫不能成。鄉村婦人，芒屩負擔，與男子雜作。⑱當時閩地此一方面之產品有福之紬絲，漳之紗絹，泉之藍，及福延之鐵，福、漳之橘，福、興之荔枝、泉、漳之糖，順昌之紙。於是他們乃將這些產品運往外地販售，以換取其日常生活之所需。他們向外地販售或購買的途徑固有陸路與水路，但因福建多山而山路多險隘，如取海路則不僅省時，其脚價銀亦較走陸路節省甚多，⑲所以那些升斗之民多倚海爲生，捕魚販鹽，成爲其謀生之業，然其利甚微，生活艱苦。雖然如此，當時官府非僅無絲毫體恤民艱之念，反而經常苛擾，凡有催科，擡一作十。更有進者，福建屬郡人民，自永樂（一四〇三～一四二四）、宣德（一四二六～一四三五）以後，雖多田已盡，丁已絕，但其稅糧額猶在，仍需擔負繳納田糧之責，致小民一年之勤勞，不足供一月之費⑳而典田宅，鬻子女，纍纍相繼。至於勢豪之家，則與胥吏狼狽爲奸，欺壓貧困無助之民，逞其橫暴之能事。㉑就連出家之僧侶，亦多以其廣大之田畝投獻勢豪之家，謀爲住持，致使當差良民或無寸土，照丁徵斂，苦不堪言。㉒

農民既已貧無立錐之地而復受富戶、僧家之歛壓，則他們除離鄉背景至異鄉當傭工外，便唯有靠海維生。然就如前文所言，貧民雖捕魚販鹽，倚海爲生，但其利甚微。然明朝當局卻未能體察其生活之艱困，竟頒下海通番之禁，片板不許入海，實無異斷絕其生機，致使其走頭無路。在此情形之下，他們便唯有冒死干犯禁令，下海挾徒黨以謀姦利，以求其生理，否則亦唯有坐以待斃而已。閩地一般居民的客觀生活環境既如此，當時的爲政者如能重視民生，設法爲其減除政治上之徵歛，社會上的欺壓，而予以因勢利尊，使之能過安和樂利的生活，則海濱居民亦自無干犯禁令，鋌而走險之理。然而當局者不但未作如是想，且昧於漳、泉地方自宋、元以來久已成爲中外貿易之重要港埠，長期與外商接觸之事實，而一味以祖法來嚴禁其下海；通番者又繫其家屬，不敢還。故愈遏愈熾，終至內奸外寇，勾結爲患。㉓

三、私販的猖獗

明代國人之干犯海禁下海通番，在洪武年間即有此一事實，㉔至永樂年間，沿海軍民等也往往私自下番，交通外國，而其往舊港等地經商者，其衆多至數千人云。㉕宣德以後，私通番國者亦始終未絕。明廷雖爲防寇亂而頒海禁，然爲民禦亂，莫若絕斯民從亂之心。當時海寇，動計數萬，皆託言倭奴，其實出於日本者不過數千，其餘則皆中國之赤子無賴者入而附之。大略爲夷人十一，流人十二，寧、紹十五，漳、泉、福人十九，雖概稱倭夷，其實多編戶之民。㉖因此，倭雖有時可使之無遺種，其雜以土人，則吾之攻殺者有限，而民之附益者無窮，故難有寧日。㉗職是之故，明廷雖一再重申下海通番之禁，中國奸民之干犯海禁私出海外，或引倭、誘倭、勾倭、從倭者歷來不絕。例如閩人嚴啓盛從漳州越獄，聚徒下海爲患，敵殺官軍，招引番船，駕至香山沙尾外洋；㉘同安縣養親進士許福先，被海賊擄去一妹，因與聯姻往來，家遂大富。㉙考察閒住僉事林希元，則負才放誕，見事風生，專造違式大船，假以渡船爲名，專運賊贓，並違禁貨物㉚等是。在成化（一四六五～一四八七）、弘治（一四八八～一五〇四）間，豪門巨室之於福建沿海乘船貿易海外者，奸人陰開其利竇，而官人不得顯其利收，初亦漸享奇贏，久乃勾引爲亂。㉛在此一時期，非僅有沿海居民下海通番，就連若干奉命出使外國之官員也乘機挾帶商人出海貿易而竟有不歸者。㉜惟在正德（一五〇五～一五二一）以前，國人之干犯禁令從事私販者尚不多，規模亦不大，海禁亦較鬆弛，故他們之登岸劫掠人財，焚燬民居者實尚不多見。

迄至嘉靖二年（一五二三），日本細川、大內二氏所派兩造貢使，先後抵浙江寧波，因互爭眞僞而引起寧波事件。此後，明廷與日本的關係惡化。惟當時明廷並未採取閉關絕貢措施，僅令備倭衙門等嚴飭海防，使日方嚴守貢期、船數、人員等限制，並嚴禁使臣一行與奸謀之徒私通㉝而已。在另一方面，對前此東來的葡萄牙人之騷擾和日本貢使在華期間之不法行爲，則分別於嘉靖三年四月，四年八月，八年十二月申飭海禁。

前文已說，在嘉靖以前，國人之干犯海禁從事私販者尚不多，其規模亦不大，但在嘉靖以後漸趨嚴重。如據鄭舜功《日本一鑑》〈窮河話海〉，卷六，〈海市〉、〈流逋〉等條所記，則當吏科給事中陳侃於嘉靖十三年出使琉球時，其從役者皆閩人而他們聞師學琉球之日本僧侶之言，故即以貨財往市之，得獲大利而歸，致使閩人往往私市其間。於是私商衆而禍亂始漸。廣東私商則始自揚陽縣民郭朝卿，初以航海遭風漂至日本，歸來亦復往市。至於浙海私商，則始自鄧獠。獠，初以罪囚按察司獄。嘉靖五年越獄下海，誘引番夷私市浙海雙嶼港，投託合澳之人盧黃四等私通交易。繼則許一（松）、許二（楠）、許三（棟）、許四（梓）等兄弟潛從大宜、滿剌加等國，誘引佛郎機國人絡澤浙海，亦泊於雙嶼、大茅等港，以要大利。於是兩浙沿海居民亦相繼下海，而東南釁門遂開。㉞王直則於嘉靖二十四年往市日本，始誘博多津倭助才門等三人來市雙嶼。明年，復行風布其地，而直浙倭患始生，而海上寇盜遂紛然矣！㉟

由於從事私販可獲鉅利，㊱故在嘉靖以後海禁雖趨嚴厲，下海私販者卻反而增多。如據前舉《日本一鑑》的記載，當時閩浙地方下海私販者大小不下數十夥，可大別爲江浙皖海商集團及閩廣海商集團。前者又可析爲許氏兄弟、王直、徐海、鄧文俊、林碧川等集團，後者則有何亞八、許棟、許西池；謝老、嚴山老；洪迪珍、張維海；張璉、蘇雪峰、林國顯、吳平、曾一平，以及林鳳等海商集團，惟他們均被目爲倭寇頭目而受征剿。他們的勢力都相當雄厚，經營中國、日本、南洋各地的貿易。其中，王直在海禁尚未十分嚴厲的嘉靖二十年代前半，與葉宗滿前往廣東，造巨艦，將帶硝黃、絲綿等違禁物品抵日本、暹羅、西洋諸國往來互市者五六年，致富不貲。夷人大爲信服而稱爲五峰船主，且君臨倭寇世界，並與地方官勾結，蹂躪海上。㊲

初時福建從事私販及誘引番船至浙貿易者雖多跳海不法之徒，然尚不爲盜。然至後來他們在私市交易時，每與番夷賒出番貨，於寧、紹人易貨抵償，海濱游民視爲禁物，輒捕獲之。於是游民得志，乃駕小船出海邀截，致殺傷人，而浙海寇盜由是而生。在此一時期，林剪則往自彭亨國誘引賊衆來，與許二、許四等合爲一踪，劫掠閩浙。被害之家，以許一、許二賺騙下海，乃投訴海防官員。㊳海道副使張一厚，因許一、許二等通番致寇，貽害地方，遂統兵往捕。㊴惟當時下海通番者勢家多染指其間，每挾制官府，說情拯救。而寧波知府曹誥亦以通番船招致海寇，所以也每廣捕接濟之人，但鄞鄉士夫亦曾爲之拯救。誥遂歎謂：「今日也說通番，明日也說通番，通得血流滿地方爲止。」㊵由於勢家包庇掩護，通番復可牟獲重利，故小民無生計者，好亂者相率入海從倭，㊶兇徒、逸囚、罷吏、黠僧、衣冠失職書生、不得志群、不逞者皆爲倭奸細，爲之鄉導。於是王直、徐碧溪、毛海峰之徒，金冠龍袍，稱王海島，攻城掠邑，莫敢誰何。㊷在此情形之下，以海爲家之徒，安居城廓，既無剝床之災，棹出海洋，且有同舟之濟。結果，遂導致三尺童子，亦視海賊如衣食父母，視軍門如世代寇讎。㊸於是內地姦人，交通接濟寇盜，習以爲常。因而四散流劫，年甚一年，日甚一日，沿海荼毒，不可勝言。㊹只因沿海居民勾結外夷以謀利，勢家又染指其間，而守臣又無法遏阻，所以巡按浙江監察御史楊九澤乃聞於朝，以海濱貴勢家積年通倭，搆事召禍，守臣不能制，而請設巡視大臣，使之管轄福建、浙江，兼制廣東潮州，專駐漳州，南可防禦廣東，北可控制浙江，庶威令易行，事權歸一。㊺經廷議結果，以巡撫南贛副都御史朱紈巡撫浙江，兼制福、興、漳、泉、建寧五府軍事。㊻

紈，字子純，長洲人。正德十六年進士。他上任後採用福建按察司僉事項喬（高）與士民之言，謂：「不革渡船，則海道不可清；不嚴保甲，則海防不可復」，上疏具列其狀。㊼於是革渡船，嚴保甲，搜捕奸民。閩人資衣食於海，驟失重利，雖士大夫家亦覺不便而欲予沮壞。明年，紈進攻雙嶼，使都司盧鏜剿賊，許三就擒。鏜塞雙嶼港而還。㊽勢家失利，則宣言被擒者皆良民，非賊黨，用以搖惑人心。紈執法旣堅，勢家皆懼。紈淸強峭直，勇於任事，欲爲國家杜亂源，乃爲勢家搆陷而落職，仰藥而死，朝野太息。㊾紈之死，固爲由明朝海禁攻策所激起之抗議行動下的犧牲者，㊿但亦當與彈劾他的出身福建之周亮、葉鏜等人之因出身不同而來的派系傾軋有關，且亦可由此推知當時沿海居民欲與外夷交易的深切心情。紈被黜後，數年之間不復設巡撫，直至嘉靖三十一年（一五五二），鑒於倭寇之猖獗，乃命僉都御史王忬擔任斯職。然忬對倭寇激烈的寇掠已束手無策，終於進入所謂嘉靖大倭寇的時期。忬後，李天寵、張經、周琉、楊宜等人先後擔任此一職務，於三十五年二月，胡宗憲繼其任。51宗憲計捕徐海、陳東、麻葉等渠魁，並遣蔣洲、陳可願赴日招降倭寇頭目王直。此後，倭寇的擾害便從兩浙轉移至閩、廣，經俞大猷、戚繼光等名將之征剿而逐漸平息。

四、開互市的爭議

由前文可知，寧波事件以後，因海防官員奉公較前嚴謹，致商道不通，商人失其生理，於是專而爲寇。嘉靖二十年以後則海禁愈嚴，賊夥愈盛，許棟、李光頭輩，然後聲勢蔓延，禍與歲積。嘉靖大倭寇之發生，造端命意，實繫於此。所以商之事順而易舉，寇之事逆而難爲。惟其順易之路不容，故逆難之圖乃作。52閩縣知縣仇俊卿曾謂：「海寇之聚，其初未必同情，有冤抑難理，因憤而流於寇者；有憑藉門戶，因勢而利於寇者；有貨殖失計，因困而營於寇者；有功名淪落，因傲而放於寇者；有搶掠人口，因壯而役於寇者；有庸賃作息，因貧而食於寇者；有知識風水，因能而誘於寇者；有親屬被拘，因愛而牽於寇者。」㊸故彼輩雖在寇盜之日，未必皆無求生之心，樂於犯法，以甘心必死，亦非人情之通好。㊹因海禁政策違反了有無相遷的要求，也忽略了沿海地區的經濟環境，更阻塞了唐宋以來國人向海外發展之趨勢，致使他們甘冒禁令，私越興販，終於導致寇亂。

基於上述之事實，在正德年間，右布政使吳廷舉乃建議緩和海禁，對外貿易，徵收若干稅捐，以降低海氛，以彌補府藏之虛竭。此事就如張維華所說，在那些主張嚴格執行海禁的意見外，欲謀緩和海禁的主張逐漸萌芽，給明朝政府帶來變更海禁政策的曙光，㊺卻因寧波事件與葡萄牙人東來以後，在東南沿海地方擾亂，致上述紓緩海禁的主張一時受到壓抑，主張厲行海禁的意見佔絕對優勢。結果，海禁較往日更爲嚴厲。㊻

迄至嘉靖三十年四月，當倭寇日趨猖獗之際，科道董威、宿心參等人以私販日熾，徒令勢家擅權，利歸私門，乃先後上疏請寬海禁，盡許廣東、福建、浙江三省通市，榷貨徵稅，以資國用。㊼然經各該地方官詳議結果，否定了董、宿兩人的意見。其所持理由爲：明刑敕法，禁諭森嚴，無非所以慮後患，防未然。今若貪顧目前，一旦開稅，華夷無限，山海路通，此往彼來，略無禁阻，則番人狡獪，兇悍難測。萬一乘機生事，擾亂地方，與祖宗建置軍衛，頒示律條，毖患防微之意，甚不相同。㊽而閩省四府，沿海地方二千餘里，汪洋無際，四散島嶼，盡可泊船。既稱通番之人，必是積年在海，強徒惡少，舍命輕生，眇視官法。貨船到岸，倘不赴官，四散灣泊，躲名匿稅，官府不免拘拿。因而拒捕傷人，又須調兵征剿，恐其利未得而害先至。又如商販所來，不過胡椒、蘇木等件，民間用之不多，食之有限。販來既盛，價值必輕。二三年後，商人無利，勢將自息。徒有開稅之名，而未見開稅之利，是可預料者。[59]況且有奸滑商人，將帶中土絲錦、緞布、磁鐵貴貨至彼番國，不換貨物，止賣金銀，回還之時，將船燒燬，潛地逃歸。徒有開稅之名，而終無可稅之實，是爲勢所難禁者。[60]初時，番中本無鹽硝火藥，亦無銃炮器具，後因中國之人接濟往來，私相教習，違犯嚴禁將帶出境，以濟番人之用。在此情形之下，若今明開通稅之門，略同互市之法，火銃、火藥，公然交易，得番人無用之物，濟番人有用之器，是持其柄而授之以兵。更何況漳、泉惡俗，以童男幼女抵當番貨，或受其值而徑與其人，而賺得其貨。或委身而甘爲贅婿，或聯姻而藉以富家，番華交通，一至此甚。今若大開納稅之門，直啓交通之路，生人混淆，夷夏無別，則其害將不可收拾，[61]因而表示礙難同意董威、宿應參等人的意見。明朝當局復認爲漳、泉風俗，嗜利通番，今雖重以充軍處死之條，尚猶結黨成風，造舡出海，私相貿易，恬不畏懼，設使寬立科條，明許通稅，頑民藉口，勢宗擅權，出海者愈多，而私貿私易者不過治以笞杖之罪而已。自此益無禁忌，恐其法壞於上，利歸於下，而無補國計之分毫。[62]就海防人員而言，他們咸苦哨捕之役，百計謀脫，常思逃去。若見交通之法立，必使其漸生疎怠之心，致使武備不修，坐安歲月。則窮山絕島之夷，必聞風遠來，致生他變，不可阻遏。廢先朝世守之規，生後人之無窮之釁。[63]

在此一時期，除明廷復議反對寬海禁以通互市外，主事黃元恭與曾任兵部尚書的張時徹亦持反對意見，他們以為對於狡倭，防嚴禁密，猶懼不測。其挾貲求利者即非脯肝飲血之徒，而捐生命犯鋒鏑者，必其素無賴者，非以我市不市為彼之寇不寇。故當商舶未至而絕之易，貿易既通，而一或不得其所，將窮兇以逞，則將無法抵禦。更何況今之寇邊者動以千萬計，所以不可能一一與之為市。既以市招之，而卒不與市，勢將無詞罷遣。夷以百市，兵以千備，夷以千市，兵以萬備，猶恐不足以折其奸謀。且市非計日限月之可期，而彼之求市無已，則我之備禦亦無已。(64)故認為所謂開互市可以足備儲，弭外患之說為大謬而力持不可。

當時明廷內部對於開放海禁與否，雖有贊成與反對兩種意見，結果卻因反對者居多，致無法改變自朱元璋以來所實施之此一政策，終於進入倭寇最猖獗的時期，不但官軍疲於征剿，沿海居民只有備嘗繼續被蹂躪之苦。

五、寬海禁後的閩浙狀況

嘉靖三十年代的倭寇，他們不僅肆其姦淫擄掠之能事，而且攻陷不少城池，搶奪若干關防，更佔據福建興化府城達三個月之久。這些史實載在《明實錄》、《明史》等官方文獻、方志，及當時文武官員的奏疏、聞見記等而至今猶斑斑可考。當時位居兵部尚書之要職的鄭曉曾就倭寇之發生與開市舶之關聯謂：「江北貧而悍者，利與賊合；江北富而豪者，利與賊通。與賊合者，利與搶掠，流害鄉曲；

與賊通者，賫糧濔師，奸詭百出，尤爲可畏」[65]。而道出亂源之所在。因此，認爲若不設重臣，賊必不退，退必復來。設重臣退賊後，因民情震懼而可築城。不復市舶，夷人必欲售貨，奸民必欲牟利，爲盜不已，則重臣無可召還之期。蓋非設重臣無以戡目前之棘，禍非復市舶無以塞日後之亂源。[66]因爲華夷之貨往來相易，其有無之間貴賤頓異。行者逾旬而操倍蓰之贏，居者倚門而獲牙行之利。今欲一切斷絕，竟致百計交通，利孔既塞，亂源遂開。驅扇誘引，徒衆日增。若不包荒草垢，早爲區處，則腹心之憂，貽害不小。[67]曾爲胡宗憲之幕僚的鄭若曾則謂：「倭國服飾、器用多資於中國，有不容一日缺者，焉能待十年一貢之期而限以三船所載之數？若禁其貿易，則入寇劫奪，此乃一定之勢。因爲倭國雖小，亦有君臣朝貢燕享禮儀，如無絲織等物，則無禮文而不成乎國。彼既不資於我，而利重之處人自前往」[68]，此乃人情之常，無法加以禁遏。故官法愈嚴，小民寧殺其身而通番之念愈熾。但朝廷無命，誰敢私許互市以干國典？此只消一海防官員有機敏有力量者活動行之，則不失於縱，不失於激。如：某海嶼某老爲歷年商船之頭，欲律以通番死罪，罪未必及而亂先激。所以必須申明朝廷之法，寬處而予以羈縻，且重其責成，聽其商販貿易之便而使其負一方之責，如有倭變，則爲其咎。若然，則以利爲命者，利既不失而又不峻繩以法，則感恩畏威而必不僨事。[69]若曾以爲如此則一面修吾海防，不容夷船近岸，販貨出海者，關口盤詰，勿容夾帶焰硝之類；載貨入港者，官爲抽稅以充軍需，則華夷兩利而海烽晏如，此即以不治治之之法，[70]使寇亂平息。我們雖不知若曾有沒有向明朝當局反映其意見，但其言鞭辟入裏，洞察時情，亦不失爲消弭寇亂之良策。

嘉靖三十五年以後，渠魁徐海、陳東、麻葉、王直輩雖曾先後爲胡宗憲所誘捕而見殺，其餘黨亦先後爲俞大猷、戚繼光等名將所征剿而其勢減弱，但仍不時發生寇掠情事。然至右僉都御史涂澤民於隆慶元年（一五六七）議開海禁，而開放局部海禁以後，雖仍難免有零星的寇亂發生，卻因此未曾釀成重大災害。其靠海謀生者，則因得互市之利而額手稱慶。涂氏固非始倡紓緩海禁者，只因前此議開海禁的意見均未被採納實施，終致發生嘉靖三十年代的大寇亂。隆慶以後，其所以不復有重大寇亂，此固與明廷之繼續征剿有關，但涂氏爲塞亂源而重新倡議解除部分海禁之功不可沒。

筆者雖未曾發現涂氏有關紓緩海禁的奏疏，及紀錄其生平的文獻，卻可由萬曆年間的監察御史陳子貞於比較開放海禁前後的情形時所謂：「東南濱海之地，以販海爲生，其來已久，而閩爲甚。閩之福、興、泉、漳，襟山帶海，田不足耕，非市舶無以助衣食。其民生活恬波濤而輕生死，亦其習使然，而漳爲甚。先是，海禁未通，民業私販，吳越之豪，淵藪卵翼。橫行諸夷，積有歲月。海波漸動，當事者嘗爲厲禁。然急之而盜興，盜興而倭入。嘉靖之季，其禍蔓延，攻略諸省，荼毒生靈，致煩文武大帥。殫盡財力，日尋干戈，歷十有餘年，而後克底定。於是隆慶初年，前任撫臣涂澤民，用鑒前轍，爲因勢利導之舉，請開市舶，易私販爲公販。議止通東西二洋，不得往日本倭國，亦禁不得以硝黃、銅鐵違禁之物挾帶出海。奉旨允行幾三十載，幸大盜未作，而海宇晏如」⑺，而得知自議開海禁以後沿海居民得以安居樂業。漳州海防同知王應乾亦針對此一事實謂：「漳屬龍溪、海澄二縣，地臨濱海，半係斥鹵之區，多賴海市爲業。先年官司慮其勾引，曾予禁止。至民靡所措，漸生邪謀，遂致煽亂。迄至隆慶年間，奉軍門塗右僉都御史議開禁例，題准通行，許販東西諸番。惟日本倭奴，素爲中國患者，仍舊禁絕。二十餘載，民生安樂。」[72]上舉文字固爲官方的說法，但民間對於此一政策的改變亦給予極高的評價。例如海澄縣番商李福等人的連名呈稱所謂：「其（海澄）縣僻處海濱，田受鹹水，多荒，民業全在舟販，賦役俯仰是資。往年海禁嚴絕，人民倡亂。經蒙院道題請建縣通商，數十年來，餉足民安。」[73]亦即自塗氏議開海禁的意見被採納，且將它付諸實施以後，便不再有邪謀、煽亂之事發生，從而國家糧餉充足，民生安樂。餉足表示國家財源充裕，民安象徵政治安定。其所以能夠從寇亂頻仍，生民塗炭轉爲餉足民安，實應歸功於塗氏。

塗氏的意見之所以會被接受，容或與當時中國內外的情勢有關，然如無塗氏此舉，則沿海寇亂將不知要繼續到甚麼時候。又，我們雖無塗氏議開海禁以後，東南沿海居民從事對外貿易所得利益的具體資料，與生活安定的具體例證，筆者卻仍認爲塗氏對安定東南沿海地區的政治，及促進該地區對外貿易之發展的功勞仍是難於磨滅的。

六、結語

以上係就明代倭寇肇亂的原因，私販所以猖獗的緣由，開互市的爭議，放寬海禁以後所得正面的影響等問題作概略的考察，以爲倭寇所以猖獗的重要因素，在於明廷未能顧及沿海居民的謀生方式，及忽視唐宋以來國人向海外發展的趨勢，而實施嚴厲的海禁政策，致沿海居民無法維持其生活，貿易商人失去生理而不得不干犯禁令，下海通番。其間復有小民因迫於貪官酷吏，苦於徭賦，又困於饑寒而相率入海從之。兇徒、逸囚、罷吏、黠僧、衣冠失職書生，及不得志群，爲之奸細，爲之嚮導。弱者圖飽煖旦夕，強者奮臂欲洩其怒，⑭致剿倭工作益發困難。

在正德年間及嘉靖三十年頃，雖曾有人倡議舒緩海禁，卻因受由日本貢使引起的寧波事件之影響，及因反對聲浪過高而均未能改變此一不合時代潮流，昧於海內外發展情勢的海禁政策，致東南沿海各地倭亂頻仍，生民塗炭。幸得塗澤民於隆慶初議開海禁，人民得赴東西兩洋貿易，沿海地方始稍獲安定，大家得以安堵。

順帶一提，得值注意的是當時雖只解除部分海禁，許販東西兩洋，惟仍禁往日本通商，然此一措施並無法約束海商之行動，所以往市日本的私販船隻反有增加之趨勢，此可由日本方面的文獻《羅山市集》十二所謂：「自從萬曆三十八年（慶長十五年，一六一〇）以後，南京、福建商船之前往長崎者逐年增多」之記載獲得佐證。⑮非僅中國商船之駛往日本者依然不絕，在那以後，明廷亦曾一再發布通倭之禁。迄至萬曆四十年（一六一二），因浙江巡撫上奏，遂增加通倭海禁條文，其主要者見於《海防纂要》。該禁則詳細規定主從人犯之罰則。通倭禁則愈詳細、嚴密，便愈能反證往市日本之盛行實基於利之所在，民必趨之的理由。因此可說，由於解除部分海禁，往販日本便幾乎自由。⑯往販日本幾乎自由，則於發展對日貿易有益，於改善沿海居民的生活有正面影響。因此，塗澤民議開海禁之影響是不可磨滅的。

〔注釋〕

①：《明史》（臺北，鼎文書局標點本），卷九一，〈兵〉，三，〈海防〉條根據《明太祖實錄》所紀史實云：「洪武四年十二月，命靖海侯吳禎籍方國珍所部溫、台、慶元三府軍士，及蘭秀山無田糧之民，凡十一萬餘人，隸各衛爲軍，且禁沿海民私出海。」谷應泰，《明史紀事本末》（清徐松手寫本），卷五五，〈沿海倭亂〉之記載與此大致相同。此乃有關明太祖實施海禁之最早紀錄。《明史》，卷二〇五，〈朱紈傳〉。朱紈，《甓餘雜集》（明萬曆間刊本），卷二，嘉靖二十七年五月二十六日，〈議處夷賊以明典刑以消禍患事疏〉，此疏並見於《明經世文編》（明崇禎刊本），卷二〇五，《朱中丞甓餘集》，卷二。

②：《大明律》（明隆慶二年重刊本），卷一五，〈兵律〉，三，〈私出外境〉條；卷八，〈舶商匿貨〉條。明，李東陽等撰，《大明會典》（明正德四年司禮監刊本），卷一六七，〈關律〉。明陳仁錫撰，《皇明世法錄》（明末葉原刊本），卷七五，〈違禁下海〉條。朱紈，註一所舉疏。

③：參看《明武宗實錄》，卷一九四，正德十五年十二月己亥朔己丑條。在此引用之《明實錄》爲臺北中央研究院歷史語言研究所刊行之影印本。

④：如據張維華，《海外貿易簡論》（上海，上海人民出版社，一九五六年三月），頁三的記載，明代所指的西洋包括：蘇門答臘、爪哇、及其以西，以南諸島；東洋包括：婆羅洲、菲律賓群島、摩鹿加群島及西里伯群島。

⑤：《明太祖實錄》，卷七〇，洪武四年十二月庚辰朔丙戌條云：「靖海侯吳禎，籍方國珍所部溫、台、慶元三府軍士，及蘭秀山無田糧之民嘗充舡工者，凡十一萬七千一百三十人，隸各衛軍。」除此外，同書卷九五，七年十二月壬辰朔乙未；卷一四八，十五年丁未朔甲戌；卷一五四，十六年五月甲辰朔庚戌；卷一八一，二十年三月辛亥朔戊子；卷一八九，二十一年三月乙亥朔己卯各條，及《明史》，卷九一，〈兵〉，三，〈海防〉條等均有相關記載。

⑥：如據《明太祖實錄》的記載，朱元璋在聽從廖永忠之言造船練軍之前之洪武三年七月丁亥朔壬辰，已下令置水軍等二十四衛，每衛船五十艘，軍士三百五十人繕理，遇徵調則益兵操之。此後復於三年十麗丙辰逆乙酉；五年八月乙亥朔甲申，十一月甲辰朔癸亥；六年正月癸卯朔己酉；八年四月庚寅朔丙申；十七年八月丙寅朔庚午，二十年閏六月己酉朔庚申；二十七年三月庚子朔辛丑，八月戊辰朔甲戌採取相關措施。與此相關之記載並見於《明史》，卷九一，〈兵〉三，〈海防〉條。

⑦：元，朱思平撰，明羅洪先增補，《廣輿圖》（明萬曆七年海虞錢岱刊本），卷二，〈日本圖〉。《明史》卷三，〈太祖本紀〉三，洪武十七年春正月己亥朔壬戌條；二十年夏四月辛巳朔戊子條；卷九一，〈兵〉，三，〈海防〉洪武十七年、二十一年、二十三年各條；卷一二六，〈湯和傳〉；卷一三二，〈周德興傳〉。

⑧：朱元璋鞏固海防的紀事見於《明太祖實錄》，卷五九，洪武三年十二月丙辰朔乙丑；卷一〇六，九年五月甲寅朔壬午；卷一五九，十七年正月乙亥朔壬戌；卷一七九，十九年十二月癸未朔；卷一八〇，二十年二月壬午朔甲辰，三月辛亥朔戊子；卷一八八，二十一年二月丙午朔乙酉；卷二三一，二十七年二月辛未朔癸酉；卷二三三，二十七年六月己巳朔甲午各條。《明史》，卷九一，〈兵〉，三，〈兵制〉，吳元年條。萬曆《廣東通志》，卷一

八七。

⑨：《明太祖實錄》，卷四一，洪武二年四月乙丑朔戊子；卷四四，二年八月癸亥朔乙亥；卷五三，三年六月戊午朔乙酉；卷七四，五年六月丙子朔丙戌、癸卯；卷七五，五年八月乙亥朔壬寅；卷八〇，六年三月癸卯朔甲子；卷八三，五年七月丙午朔丙寅；卷八七，年正月丁卯朔壬申；卷一四一，十五年正月辛巳朔辛丑，卷一六六，十七年十月乙丑朔癸巳；卷一六七，十七年閏十月乙未朔乙巳；卷一八一，二十年閏六月己酉朔庚申；卷二二七，二十六年四月乙亥朔己卯；卷二四六，二十九年七月丙辰朔己未；卷二五六，三十一年二月戊寅朔丁酉各條。《廣輿圖》，卷二，〈日本圖〉。

⑩：《明太祖實錄》，卷七四，洪武五年六月丙子朔癸卯條；卷二四四，洪武二十九年正月庚申朔丁丑條。此後對於此類賞格亦時有頒布，尤其當倭寇最爲猖獗的嘉靖三十年代，爲緝捕渠魁王直而其獎金竟高達萬兩，世襲侯爵。參看《明世宗實錄》之相關記載。

⑪：《明太祖實錄》，卷二三一，洪武二十七年正月辛丑朔甲寅條。

⑫：陳文石，《明洪武嘉靖間的海禁政策》（臺北，臺灣大學文學院，一九六六），頁一三二。

⑬：顧炎武，《天下郡國利病書》（清乾嘉間樹蘐草堂鈔本），卷九三，〈福建〉，三，〈洋稅〉條。

⑭：明，陳仁錫，《皇明世法錄》，卷七五，〈閩海〉。

⑮：同前註。

⑯：萬曆《泉州府志》，卷二〇，〈物產〉條。

⑰：同前註。

⑱：同前註。

⑲：茅元儀，《武備志》，卷二一四，〈海防〉，六云：「漳、泉人運貨至省城，海行者每百斤腳價銀不過三分，陸行者價增二十倍，覓利甚難。其他所產魚、鹽，比浙又賤，蓋肩挑度嶺，無從變賣故也。」

⑳：乾隆《福建通志》，卷五五所引明人鄭紀，〈送萬廷器之仙遊序〉云：「寡弱之良民而夾強大之鄰敵，乘機窺伺。呑田索貨，連綿其卷。不陷之以人命，則誣之以重丁。吏緣而羅織，不竭其產以賠償之不止也。兼以郡吏橫差，百色銖求，凡有催科，檯一作十。小民一年之辛勞，不足供一月之費。」同書卷五六，〈風俗〉所引陳之淯，〈上巡按一利十害〉書則云：「夫皀隸胥役，古有名數，而今何額哉！一邑之庭，有輿隸也，附之以自役。一人在庭，十人在門。在庭者趨，在門者附。一有差遣，一人化而爲十人矣！夫十人也，其家之父母妻子，何財之贍而身也土地瘠薄，海之所絕，山復障焉！土出不豐，百貨皆自外至。舟裝騾，數千里，不能置一石，而官復稅之。……駔儈復起，從而噲啖之。」又，同卷所錄蔡清，〈民情四條答當路〉更云：「福建屬郡人民，自永樂宣德以後，多有田已盡，丁已絕，而其糧額猶在者，名爲無徵，灑派人民。夫何事推移，田產潛入於豪右，上下欺蔽，有司莫爲之分明，歲復一歲，遂不可奈何。又有一種恆產奸民，元田不失一段，顧乘造冊之勢，買囑里書，飛入絕戶，妄指無徵，又作灑派。富家則厚享無名之利，貧民則虛受不報之害。」

㉑：《明害宗實錄》，卷二一〇，成化十六年十二月丙午朔乙未條所錄巡按福建監察御史徐鏞之奏疏。

㉒：陳文石，前舉書頁一三五。

㉓：乾隆《福建通志》，卷五五所引明人鄭紀，〈送萬造器之仙遊序〉。

㉔：鄭舜功，《日本一鑑》（商務印書館，民國二十八年據舊鈔本影印本）〈窮河話海〉，卷六，〈海市〉云：「皇明洪

武辛亥（四年，一三七一），福建興化衛指揮李興、李春，私遣人出海行賈。上命都督府臣嚴處之。」

㉕：《明太宗實錄》，劵三八，永樂三年正月戊戌朔戊午條云：「遣行人譚勝受，千戶楊信等往舊港（今印尼巨港）招撫　民梁明道等。舊港在南海，與爪哇鄰。道明，廣東人，挈家竄居於彼者累年。廣東、福建軍民從之者，至數千人，推道明為首。」

㉖：《明世宗實錄》，卷四二二，嘉靖三十四年五月甲午朔壬寅條所錄南京湖廣道御史屠仲律，〈條上禦倭五事疏〉首條〈絕亂源〉。鄭若曾，《籌海圖編》（四庫全書本），卷一一，〈經略〉一，〈叙寇原〉所引《禦海策要》之言。

㉗：同前註。

㉘：林仁川，《明末清初私人海上貿易》（上海，華東師範大學出版社，一九八七），頁六五。

㉙：朱紈，《甓餘雜集》，卷二，嘉靖二十六年十二月二十六日，〈閱視海防事疏〉。此疏並見於《皇明經世文編》（明崇禎刊本），卷二〇五，《朱中丞甓餘集》，卷一。

㉚：同前註。

㉛：顧炎武，《天下郡國利病書》，卷一〇四，〈廣東〉，八。

㉜：《明憲宗實錄》，卷一三六，成化十年十二月壬午朔乙未條。

㉝：《明世宗實錄》，卷二八，嘉靖二年六月庚午朔甲寅、戊辰；卷三三，同年十一月丁卯朔癸巳；卷五〇，四年四月庚寅朔癸卯；卷五二，同年六月乙丑朔己亥；卷二三四，十九年二月甲子朔丙戌各條。參看鄭樑生，《明代中日關係研究》（臺北，文史哲出版社，一九八五），頁四三～四四；三三四～三四八，或《明·日關係史の研究》（東京，雄山閣，一九八五），頁三九～四一；二八五～二九六。

㉞：萬表，《海寇議後》（明嘉靖刊本，《金聲玉振集》）。王婆楞，《歷代征倭文獻考》（臺北，正中書局，民國五十五年十二月，臺二版），頁一六九所引《通鑑明紀》之記載。

㉟：鄭舜功，《日本一鑑》〈窮河話海〉，卷六，〈海市〉條。

㊱：姚士粦，《見只編》（明天啓刊本，鹽吧志林之一），上卷所紀蘭谿人童華之言。釋尋尊，《大乘院寺社雜事記》，永正二年（一五〇五）五月四日條。《蔭涼軒日錄》，長享二年（一四八八）九月十三日條。

㊲：萬表，《海寇議後》。參看鄭樑生，《明代中日關係研究》，頁四二九～四四〇，或《明·日關係史の研究》，頁三七〇～三八〇。

㊳：鄭舜功，《日本一鑑》〈窮河話海〉，卷六，〈海市〉、〈流逋〉條。

㊴：鄭舜功，前舉書〈海市〉條。

㊵：同前註。

㊶：朱紈，《甓餘雜集》，卷二，嘉靖二十六年十二月二十六日，〈請明職掌以便遵行事疏〉。此疏並見於《皇明經世文編》，卷二〇五。

㊷：徐學聚，《嘉靖東南平倭通錄》（臺北，廣文書局鉛字本，收錄於《倭變事略》），卷首語。谷應泰，《明史紀事本末》，卷五五，〈沿海倭亂〉。

㊸：朱紈，《甓餘雜集》，卷三，嘉靖二十七年六月二十七日，〈海洋賊船出沒事疏〉。此疏並見於《皇明經世文編》，卷二〇五。

㊹：同前註。

㊺：《明世宗實錄》，卷三二四，嘉靖二十六年六月庚辰朔癸卯條。

㊻：朱紈，《甓餘雜集》，首卷，〈自序〉；卷一，嘉靖二十六年九月初一日，明世宗〈敕諭〉。《明史》，卷二〇五，〈朱紈傳〉。王婆楞，前舉書頁一七三所引《通鑑明紀》之記載。《明世宗實錄》，卷三二四，嘉靖二十六年六月庚辰朔癸卯條。

㊼：同註㉘。

㊽：朱紈，《甓餘雜集》，卷四，嘉靖二十七年十二月十六日，〈雙嶼填港工完事疏〉。此疏並見於《皇明經世文編》，卷二〇五。《明史》，卷二〇五，〈朱紈傳〉。

㊾：《明史》〈朱紈傳〉。

㊿：陳文石，前舉書頁一四七。

51：《明史》，卷二〇五，〈胡宗憲傳〉；卷三二二，〈日本傳〉。

52：錢薇，《承啓堂集》，卷一，〈與當道處倭議〉（《皇明經世文編》，卷二一四）。

53：鄭若曾，《籌海圖編》，卷一二，〈經略〉二，〈禦海洋〉條，及謝杰，《虔臺倭纂》卷上，〈倭原〉二所引〈散賊黨〉內所紀閩縣知縣仇俊卿之言。

54：同前註。

55：張維華，《明代海外貿易簡論》（上海，上海人民出版社，一九五六），頁三九。

56：主張厲行海禁者，如歸有光在其《歸太僕文集》（《皇明經世文編》，卷二九四），卷一，〈論禦倭書〉所云：「議者又謂宜開互市，弛通番之禁，此尤悖謬之甚者。百年之寇，無端至，誰實召之元人有言：務修其德，不貴異物。今往往遣使奉朝旨，飛泊浮海，以喚外夷互市，是利於遠物也，遠人何能格哉！此在永樂之時，嘗遣太監鄭和一至海外，然或者已疑其非祖訓禁絕之矣！況亡命無籍之徒，違上所禁，不顧私出外境下海之律，買港求通，勾引外夷，釀成百年之禍。紛紛之論，乃不察其本，何異揚湯而止沸，其不知其何說也。唯嚴爲守備，雁海龍堆，截然夷夏之防，賊無所生其心矣！」即是好例。

(57)：馮璋，《馮養虛集》（《皇明經世文編》，卷二八〇），卷一，〈通番舶議〉。
(58)：同前註。
(59)：同前註。
(60)：同前註。
(61)：同前註。
(62)：同前註。
(63)：同前註。
(64)：鄭若曾，《籌海圖編》，卷一二，〈經略〉，二，〈開互市〉條所錄黃元恭、張時徹之言。
(65)：鄭曉，《鄭端簡公文集》（《皇明經世文編》，卷二一八），卷二，〈答南岷王都憲書〉。
(66)：鄭若曾，《籌海圖編》，卷一二，〈經略〉，二，〈開互市〉條所錄兵部尚書鄭曉之言中所提憲陳金《西漸集》所錄〈開市舶十利疏〉。
(67)：鄭曉，《鄭端簡公奏疏》（明隆慶四年嘉禾項氏萬卷堂刊本），卷二，〈乞收武勇亟議招撫以消賊黨疏〉。
(68)：鄭若曾，《籌海圖編》，卷一二，〈經略〉，二，〈開互市〉條所記鄭若曾對各家開市舶之意見所爲之按語。

⑲：同前註。

⑳：同前註。

㉑：許孚遠，《敬和堂集》（《皇明經世文編》，卷四〇〇），卷一，〈疏通海禁疏〉。

㉒：同前註。

㉓：同前註。

㉔：《吾學編》〈四夷考〉，上卷，〈日本條〉。

㉕：參看木宮泰彥，《日華文華文流史》（東京，富山房，一九六五），頁六三八～六四〇。鄭樑生前舉《明代中日關係研究》，頁二二三～二三三。

㉖：王在晉，《海防纂要》（明萬曆四十一年原刊本）〈福建事宜·海禁〉條云：「惟私販日本一節，百法難防，不如因其勢而利導之，弛其禁而重其稅。又嚴其勾引之罪，稽其違禁之物。如此則賦歸於國，奸民亦何所利而為之哉！」此乃主張乾脆解除通倭之禁，加重貨物稅，如此則對國家反有利期益。

國立中央圖書館出版品預行編目資料

中日關係史研究論集. 五 / 鄭樑生著. -- 初版
. -- 文史哲, 民８４
面 ; 公分. -- (文史哲學集成 ; 339)
ISBN 957-547-928-9(平裝)

1. 中國 - 歷史 - 明(1368-1644) - 論文,講詞等

626.007 84002172